Pindar Gravenhorst

Pindars Siegsgesang auf Arkesilas, König von Kyrene

Pindar Gravenhorst

Pindars Siegsgesang auf Arkesilas, König von Kyrene

ISBN/EAN: 9783743639737

Hergestellt in Europa, USA, Kanada, Australien, Japan

Cover: Foto ©ninafisch / pixelio.de

Weitere Bücher finden Sie auf **www.hansebooks.com**

Programm

der

Hauptschule zu Bremen.

Veröffentlicht

von

den Vorstehern der drei Abtheilungen:

1. der Vorschule: Professor D. W. Motz.
2. der Handelsschule: Professor Dr. Hertzberg.
3. des Gymnasiums: Professor E. Th. Gravenhorst.

Inhalt:

1. Pindar's Siegsgesang auf Arkesilas, König von Kyrene, von Professor E. Th. Gravenhorst.
2. Schulnachrichten.

※

Bremen.

Druck von L. C. Dubbers.

1862.

Pindar's

Siegsgesang auf Arkesilas,

König von Kyrene,

übersetzt von

C. Th. Gravenhorst.

Vorwort und Einleitung.

Der Pindarische Siegeshymnus, den in modernen metrischen Formen verdeutscht ich hiermit dem gebildeten Publikum vorlege, ist besonders dadurch vom ästhetisch-literarischen Standpunkte aus betrachtet interessant, weil in ihm, was sonst in der griechischen Poesie nicht leicht in solcher Ausdehnung vorkommt, ein durchaus epischer Stoff, die Argonautenfahrt, lyrisch behandelt ist (von der vierten Strophe an bis zum Schluß der elften), und man demnach Gelegenheit hat, an einem glänzenden Beispiele den Unterschied der beiden Stilarten zu erkennen. Außerdem aber ist dieser Hymnus, wie schon seine Länge beweist, und wie der Dichter selbst am Schlusse nicht undeutlich merken läßt, der Würde des gefeierten Königs und der besondern Absicht des Dichters entsprechend, mit großer Vorliebe und mit augenscheinlicher Entfaltung seiner künstlerischen Meisterschaft behandelt und eben durch die breite Ausführung der poetischen Motive für alle Zeiten als unsterbliches Kunstwerk der genauern Kenntniß-nahme und Betrachtung ungleich würdiger als manche andere für uns minder verständliche Gelegenheits-gedichte desselben Meisters. Ein Gelegenheitsgedicht im weitern Sinne des Worts ist zwar auch der vorliegende Hymnus. Er ist verfaßt auf einen im Jahre 466 v. Chr. zu Delphi vom König Arkesilas errungenen Wagensieg und war für ein Festmahl zur Feier dieses Siegs im Hause des genannten Fürsten bestimmt. Aber den Sieg selbst zu beschreiben ist dem Dichter fremd; kaum als Anlaß der poetischen Begrüßung wird er in der ersten Strophe und dritten Epodos erwähnt. „Desto sorgfältiger verkettet er ihn mit dem frühern Ruhme des Siegers und seiner Familie, mit den Tugenden seiner Stadt, mit den Mythen und heroischen Genealogien, welche den Stolz des besungenen Geschlechts und den religiösen Grund des Staats bilden." *

Arkesilas stammte von dem Argonauten Euphemos (2te Ggstr. u. 5te Ggstr.), der bei der Rückkehr der Argonauten in Lemnos (12. Str.) einen Sohn, Leukophanes, erzeugte. Dieser ging von da mit andern Argonautensöhnen nach Lakonika, und von da wieder Sesamos, im vierten Gliede von Euphemos abstammend, zur Zeit des Einfalls der Dorier in den Peloponnes mit der von Theras geführten Kolonie nach der Insel Thera, welche früher Kalliste, d. h. die Schönste, hieß. Von Thera aus gründete um 632 v. Chr. Battos, d. h. der Stammler, auf Geheiß des delphischen Gottes † (er hatte gefragt, wie der Fehler seiner Stimme zu heilen sei) die Stadt Kyrene in Libya. Diese Gründung der Stadt, in welcher seit der Zeit die Battiaden herrschten, führt Pindar zunächst auf eine Prophezeihung der Medea zurück (1ste Ggstr. bis 3te Ggstr.), die von Letzterer auf der

---

* Worte Bernhardy's Lig. II. S. 533.

† Im delphischen Tempel befand sich in der Nähe des Dreifußes, von dem herab die Pytia weissagte, das Bild des Erdnabels von weißem Marmor mit den auf beiden Seiten stehenden goldnen Adlern, welche einst, von den entgegengesetzten Enden der Erde von Zeus ausgesandt, hier zusammengetroffen sein sollen.

abenteuerlichen Rückfahrt der Argonauten ausgesprochen war. Hierauf wird rückgreifend die ganze Argonautenfahrt von ihrer Veranlassung an bis zu der Ankunft der Helden in Lemnos geschildert und so der mythische Ruhm des Geschlechts aufs Glänzendste ausgemalt. Bei dem ungemein großen Adelsstolze der alten Hellenen mußte Pindar als Gelegenheitsdichter dem Hofe eines Königs mit dieser Ausführung mindestens ebenso willkommen sein, als wenn jetzt bei ähnlichen Veranlassungen — wir haben aber keine ganz ähnliche, da wir keine Nationalspiele haben — ein Dichter an einem Fürsten nichts weiter zu loben findet, als den frühern Glanz seines Geschlechtes. Pindar hatte aber, wie wir noch jetzt zwischen den Zeilen lesen können, eine besondere, seinem Herzen wie seiner poetischen Erfindungsgabe gleiche Ehre machende Veranlassung dazu. Der König hatte nemlich in Folge von politischen Stürmen in seiner Stadt seinen Vetter, den Battiaden Damophilos, verbannt; Erbschafts-Streitigkeiten kamen dazu, wahrscheinlich auch ein unerlaubtes Verhältniß anderer Art (S. vierte Epodos Schluß). Damophilos hatte lange im Auslande gelebt: es stand zu erwarten, daß er an auswärtigen Höfen, selbst in Persien, Hülfe suchen würde (12te Gystr.). Zuletzt wandte er sich an Pindar und bat um dessen Vermittlung, bestellte auch vielleicht direct bei ihm diesen Siegeshymnus. Um diesem Freunde zu dienen, hat Pindar sein Gedicht so herrlich ausgeschmückt und macht am Schlusse geradezu die Einsendung von ähnlichen poetischen Meisterwerken bei dem Könige von der Erfüllung seines Gesuchs abhängig. Er empfiehlt seinen Schützling nicht nur durch directes Lob seiner Tugend und Verdienste, sondern besonders dadurch, daß er hervorhebt, Damophilos sei allen politischen Umtrieben fern und werde sich nur dem frohen Lebensgenuß und den Musen widmen. Wie sein aber außerdem in dem mythischen Helden Jason, der mit der königlichen Herrschaft zufrieden, in dem Streit um die Erbtheilung groß denkt, dem Könige Arkesilas ein Spiegelbild vorgehalten ist, wird der Leser selbst leicht erkennen. Solche außerhalb der eigentlichen poetischen Idee liegende, praktische Tendenzen erhöhen nun zwar an sich den poetischen Werth des Gedichts nicht, werden aber, wenn sie nur nicht im Widerspruche mit dem idealen Gehalte stehen, immerhin eine gewisse Berechtigung in Anspruch nehmen dürfen. Bei den Griechen kommt noch hinzu, daß ihre Lyrik weit mehr, als die moderne Aesthetik zu erlauben gewohnt ist, auf dem Gebiete der Reflexion und der Belehrung verweilt. Und wenn man bedenkt, daß diese Gesänge bestimmt waren, von Chören vorgetragen zu werden, also die Empfindungen einer Gesammtheit auszudrücken, so wird man ohne Zweifel auch hier wieder den richtigen Kunstsinn dieses wunderbaren Volks anerkennen, welches fühlte, daß eine Gesammtheit sich leichter in einer gemeinsamen, ruhigen Betrachtung zusammenfindet, als in schnell wechselnden und auf und ab wogenden Gefühlen. Unstreitig würden die Griechen bei manchen unserer vierstimmig gesetzten und von den Liedertafeln im Männerchore vorgetragenen schmachtenden Liebesseufzern ihr natürliches Kunstgefühl beleidigt gefunden haben. — Was die von mir gewählte Form der Uebertragung betrifft, so bin ich weit davon entfernt, sie dem Original für adäquat zu halten, hoffe aber, daß man bei der unendlichen Schwierigkeit in der deutschen Sprache ohne gewaltsame Verrenkung dem bilder-reichen Schwunge der pindarischen Lyrik zu folgen diesen Versuch mit einiger Milde beurtheilen werde.

Pindar's Siegsgesang auf Arkesilas,

König von Kyrene.

Erste Strophe.

Heute gilt's, den Freund zu grüßen in Kyrene's Ritterstadt,
Fürst Arkesilas, der heute seinen Sieg zu feiern hat.
Muse, laß von günst'gem Fahrwind schwellen meinen Festgesang,
Pytho's Heiligthum zu Ehren und Apoll zu würd'gem Dank!
Wo vom Dreifuß die Prophetin, von des Gottes Geist erfüllt,
Bei Kronion's Adlerpaare Battos' Zukunft einst enthüllt,
Daß sein Eiland er verlassen und am schimmernd weißen Rand
Eine wagenreiche Stadt einst gründen werd' im Libyerland.

Gegenstrophe.

So nach siebzehn Menschenaltern werde wahr Medea's Wort,
Das Aetes' weise Tochter sprach in Thera's Inselport,
Als vor Jason's Schiffsgenossen so die Kolcherkönigin,
Aus ambrosischem Munde hauchend, ausrief mit prophet'schem Sinn:
„Hört, ihr Söhne tapfrer Helden, Göttersöhne, hört und wißt,
„Daß von diesem meerumspülten Strand' in später Jahre Frist
„Libya eine Stadt sich gründet auf Zeus Ammon's heil'gem Grund,
„Vieler Städte Stamm und Wurzel, hochgeehrt in Aller Mund.

Epodos.

„Nicht mehr Ruder dort und Schiffe, Rosse werden sie und Wagen
„Lieben, die mit Windeseile durch die Bahn sie fliegend tragen.
„Ja, prophetisch war das Zeichen, und es wird sich wahr erweisen;
„Denn man wird als großer Städte Mutterstadt noch Thera preisen,
„Als Euphemos von dem Gotte, der in Mannsgestalt gekommen,
„Eine Scholle Erde reichend, sie als Gastgeschenk genommen
„An der Mündung der Tritonis; und Kronion ihm zum Heil
    „Warf von rechts den Donnerkeil.

Zweite Strophe.

„Schon an Bord emporgezogen lag des Ankers Eisenzahn,
„Unsrer schnellen Argo Zügel; fernher aus dem Ocean
„Hattet ihr zwölf lange Tage durch die Wüste sonder Rast
„Auf den Schultern hoch getragen, wie ich rieth, des Bootes Last.
„Da erschien uns einsam wandelnd jener Dämon; gastlich mild
„Leuchtet uns aus seinem Antlitz eines edlen Mannes Bild.
„Freundlich hub er an zu reden, wie zum Mahl willkommen heißt,
„Wenn ein wohlgesinnter Hausherr sich dem Fremden mild erweist.

Gegenstrophe.

„Doch die Sehnsucht nach der Heimat trieb uns fort. Poseidon's Sohn
„War's, Eurypylos, so sagt er. Weil er sah, wir eilten schon,
„Siehe! eine mächt'ge Scholle reißt er aus der Erde da,
„Und als Gastgeschenk sie reichend, tritt er unsrem Boote nah.
„Seinem Wink gehorcht Euphemos, springt sofort zum Uferrand,
„Und die Hand entgegenstreckend, nimmt er aus des Dämons Hand
„Jene Wundergabe. Jüngst nun hör' ich, daß von unsrem Kiel
„Weggespült sie in der Brandung salz'ge Fluthen niederfiel

Epodos.

„Und der Wellen Strömung folgte. Sie zu hüten, traun, beständig
„Warnt' ich unsre läss'gen Diener; doch ihr Sinn war unverständig.
„Jetzt ist hier an diesem Eiland jener reichen Libyschen Erde
„Ew'ger Samen ausgeworfen. Wenn ihr bis zum heim'schen Herde
„Angelangt wär't, und Euphemos dort an Hades' Pfortenmunde
„Nah bei Tänaros die Scholle barg im schwarzen Erdengrunde,
„Er, Poseidon's Sohn, des Reis'gen, den Europa, Tityos'
        „Tochter, trug als jüngsten Sproß:

Dritte Strophe.

„Dann zur Zeit der vierten Enkel hätt' aus seinem Blut ein Held
„Jenes weite Land gewonnen, mit dem Danaervolk gesellt.
„Denn aus Sparta und Mykene werden dann die Danaer fliehn.
„Jetzt aus fremder Weiber Schooße muß er ein Geschlecht erziehn,
„Das von Göttergunst gesegnet hier auf Thera's Inselstrand
„Ihn erzeugt, der Herrscher sein wird über Libya's Regenland.
„Phöbos wird in spätern Tagen an den vorbestimmten Ruhm
„Ihn mit Schicksalssprüchen mahnen aus dem goldnen Heiligthum,

Gegenstrophe.

„Wenn dem Pythischen Hause' er nahn wird. Phöbos zeigt ihm dann sein Ziel,
„Daß mit allem Volk er wandr' in Ammon's heil'gen Gau am Nil."
So der Schicksalsspruch Medea's. Und die Helden ehrfurchtsvoll
Beugten sich in tiefem Schweigen, als das weise Wort erscholl.
Sel'ger Sohn des Polymnestos, Du bist's, dem mit jenem Spruch
Die prophet'sche Bien' in Delphi ihren Gruß entgegentrug,
Als sie dreimal Heil Dir bietend dreimal König dich genannt,
König, vorbestimmten König, Battos, im Kyrenerland,

Epodos.

Als Du fragtest, wie zu heilen Deiner Stimme heischer Schaden. —
Jetzt im achten Enkelgliede blüht der Stamm der Battiaden.
Wie in Lenzes Purpurschöne strahlt Arkesilas gepriesen,
Weil ihm Phöbos und die Pythische Rennbahn Ruhm und Ehr' erwiesen
Nach Amphiktionenurtheil. — Auf denn, feiert ihn, ihr Musen,
Und die Ausfahrt nach dem Vließe aus dem Jolkischen Meeresbusen,
Feiert sie, die Heldenausfahrt, die gepflanzt der Minyer Ruhm
        Und des Battos Königthum.

Vierte Strophe.

Muse, sing uns, welch ein Anlaß ihnen diese Fahrt gebot!
Welch ein Wagniß schlug die Helden in die Eisenhaft der Noth?
Durch die stolzen Aeoliden, so war Pelias einst gewarnt,
Müss' er sterben, sei's gewaltsam, sei's mit schlauer List umgarnt.
Schreckhaft von der waldumkränzten Mutter Erde Nabelstein
Drang die Mahnung tief ins Herz ihm, dann auf seiner Hut zu sein,
Wann vom Berggehöft her wandernd zu der Jolker sonn'gen Gaun,
Nur an einem Fuß bekleidet, einen Mann er würde schaun,

Gegenstrophe.

Sei's ein Fremdling oder Bürger. So erschien nun seiner Zeit,
In der Hand zwei mächt'ge Lanzen, ein magnesisches Jägerkleid
Enggefügt den ries'gen Gliedern, in ein zott'ges Pardelfell
Rings gehüllt zum Schutz vor Regen, ein gewaltiger Gesell.
Nimmer hatt' ihm noch das Messer seiner Locken Schmuck geraubt,
Hell wie Sonnenstrahlen glänzend wallen nieder sie vom Haupt.
Jetzt die erste Probe hatt' er seines jungen Muths gewagt,
Als vor allem Volk am Markt' er dastand, kühn und unverzagt.

Epodos.

Keiner kannt' ihn, Alle staunten, Manchen hörte man da fragen:
„Wer ist Jener? Ist's Apollon? Ist es, der auf eh'rnem Wagen
„In die Schlacht fährt, Aphrodite's Buhl'? Iphimedeas' Söhne
„Liegen todt, die Riesenbrüder wunderbarer Kraft und Schöne.
„Auch auf Tityos, den Recken, kam der Todespfeil geflogen,
„Artemis hatt' ihn entsendet von dem siegesgewissen Bogen,
„Zur Verwarnung, daß in Schranken, nimmer über Maß und Macht,
„Sei der Mensch zu frei'n bedacht.

Fünfte Strophe.

Also sprachen sie in Wechselred'. Ein stolzes Viergespann
Hurt'ger Mäuler führt indeß den König Pelias heran.
Der ersah sogleich mit Staunen, daß des Helden linker Fuß
Keine Sohle trug, — verloren war sie bei der Furth im Fluß —
Und die Angst im Herzen hehlend sprach er so: „Aus welchem Gau
„Kommst Du, Fremdling? Welches Weib, aus niedrem Stamm und altersgrau,
„Hat Dich spät ans Licht getragen, ihren Liebling, wie es scheint?
„Nicht besudle Dich mit Lügen! Wiß', ich bin den Lügen feind.

Gegenstrophe.

Ihm mit ruhigem Wort entgegnend sprach der kühne Recke so:
„Chiron's Lehren trag' ich in mir; Philyra und Chariklo
„Nährten mich in seiner Grotte; und in keuscher Sitt' und Art
„Haben des Kentauren Töchter mich behütet und bewahrt.
„Nie mit eitler That noch Rede bracht' ich Schimpf auf mein Geschlecht.
„Komme jetzt zurückzufordern meines Vaters Erb' und Recht,
„Unsrem Ahn, dem Volksgebieter Aeolos, vom Zeus geschenkt,
„Doch den Enkeln jetzt entfremdet, deren Recht man schwer gekränkt.

Epodos.

„Pelias, hör' ich, hat, der Räuber, weil ihn blasser Neid verführte,
„Uns entrissen und besitzt, was meinem Vaterhaus gebührte.
„Meine Eltern nun, in Sorgen vor dem Frevel des Tyrannen,
„Schafften mich, sobald ich kaum das Sonnenlicht geschaut, von dannen.
„Gleich als wär' ihr Kind gestorben, scholl das Haus von Weiberklagen;
„Ich indeß, in Purpurwindeln insgeheim davongetragen,
„Wurde Chiron, dem Kroniden, — Niemand wußt' es als die Nacht —
„Zur Verpflegung überbracht.

Sechste Strophe.

„Meines Schicksals Summe wißt Ihr. Nun, Ihr wackren Bürger, sprecht!
„Wo ist meiner Väter Hofburg, wo mein abliches Geschlecht?
„Äson's Sohn bin ich, kein Frembling, Bürger bin ich hier zu Land;
„Jason ist mein Name, so hat der Kentaure mich genannt.“
Sprach's und weiterschreitend stand er an des Vaterhauses Thor;
Alsobald erkennt der Greis ihn, reiche Thränen stürzen vor
Aus dem alten Aug', und Herzensfreude fühlt er, als er da
Seinen Sohn, an Kraft und Schönheit auserlesen, wiedersah.

Gegenstrophe.

Und die alten Brüder kamen auf des Neffen Kunde schnell.
Pheres aus der nächsten Nähe kam vom Hypereischen Quell,
Amythaon von Messene mit Melampus im Geleit,
So Admet auch, ihrem Vetter tapfer beizustehn bereit.
Und mit reicher Mahlzeitehre wie mit Freundesred' und Gruß
Schaffte Jason seinen Gästen jedes Frohsinns Hochgenuß,
Würd'ge Gastgeschenke spendend, und fünf Tag' und Nächte gar
Bot er milde seinen Freunden der Bewirthung Blume dar,

Epodos.

Doch am sechsten Tag' enthüllt in ernster Red' er den Genossen
Seinen Anschlag. Sie beloben's, und sogleich zur That entschlossen
Springen sie von ihren Sitzen. Und alsbald, Einlaß begehrend,
Standen sie vor Pelias' Hofburg. Ihrem Ungestüme wehrend
Trat der holdgelockten Tyro Sohn aus Thor mit stolzen Sinnen.
Aber Jason ließ der Rede milde Friedensbäche rinnen;
Weiser Worte Grundstein legend sprach er so mit sanftem Ton:
„Höre mich, Poseidon's Sohn!

Siebente Strophe.

„Schneller zwar den eignen Vortheil lobt das Herz als Ehr' und Pflicht;
„Wie er morgen wird erwachen, denkt der Schwelger heute nicht.
„Aber Dir und mir geziemts, zu baun der Zukunft sichern Grund,
„Unsren Sinn der Ordnung fügend. Dir ist, was ich sage, kund.
„Kretheus und der Fürst Salmoneus — sie gebar ein Mutterschooß
„Sind uns Ahnen. Wir, die Enkel, schaun als ihres Stammes Sproß
„Jetzt das goldne Licht der Sonne. Wo Blutsfreund' in Hader stehn,
„Wenden sich erzürnt die Mören, solche Schande nicht zu sehn.

Gegenstrophe.

„Auch bedarf's nicht, unsrer Ahnen reiches Erb' und Königsamt
„Erst mit Schwert und Speer zu theilen. Alle Herden insgesammt
„Schaf' und Rinder überlaß' ich Dir und alles Ackerfeld,
„Das Du, unser Erbe schmälernd, Deinem Erbe zugesellt.
„Nimmer wird's mich kränken, solche Schätz' in Deiner Hand zu sehn;
„Doch der Herrscherstab des Krethens darf mir länger nicht entstehn,
„Noch der Thron, auf dem mein Vater sitzend Urthel und Gericht
„Seinem Rittervolke schaffte. Das verweigr' uns also nicht!

Epodos.

„Zwang zu üben dürft' uns beiden schmerzlich sein, und nimmer Segen
„Draus entstehn.“ So sprach der Recke; aber Pelias schlau dagegen:
„Ich gewähr' es. Doch mich fesseln schon des Greisenalters Bande,
„Und Du schwillst von Lebensblüthe. Sühne Du drum unsre Lande!
„Denn die Todten senden grollend aus dem Schattenreich Befehle,
„Daß man aus Äetes Lande heimgeleite Phriros' Seele,
„Auch des Widders Vließ, auf dem er einst in wunderbarer Flucht
„Rettung durch das Meer gesucht

Achte Strophe.

„Vor der zweiten Mutter Dolchen. Als mir eine Traumgestalt
„Wunderbarlich so gesprochen, fragt' in Delphi ich alsbald;
„Und der Gott befahl, ich solle schleunig rüsten das Geleit.
„Diese Arbeit nun besteh mir! Dann, ich schwör's, bin ich bereit
„Thron und Scepter Dir zu lassen. Diesen Schwur als Zeuge mag
„Zeus, der Ahnherr unsres Stammes, hören.“ So ward der Vertrag
Beiderseits mit Eid besiegelt, und sie trennten sich zur Stund.
Aber Jason, Boten sendend, machte rings den Völkern kund,

Gegenstrophe.

Daß zur großen Argoausfahrt jeder Held geladen sei.
Da erschienen stolze Mannen, der Kronidenkinder drei,
Leda's Söhn' und der Alkmenens, dann zwei Recken, mähnengleich
Hochgesträubt das Haupthaar tragend, beide stark und ehrenreich,
Sohn und Enkel des Poseidon, deren Ruhm auf dieser Fahrt, —
Dich, Euphemos, und Dich mein' ich, Neleus' Sohn, — vollendet ward.
Orpheus, der Gesänge Vater, von Apollon selbst geschickt,
Fand sich ein mit seiner Phorminr, die der Helden Ohr entzückt.

Epodos.

Auch der mit dem goldnen Stabe, Hermes, schickte Zwillingsjöhne,
Erytos und Held Echion, prangend in der Jugend Schöne.
An Pangäon's Abhang wohnend kamen sie mit freud'ger Eile.
Boreas, der Herr der Winde, schickte gern und sonder Weile
Kalaïs und Zethes, Brüder wundersamer Art, denn beiden
Stehn am Rücken Purpurflügel, schnell die Lüfte zu durchschneiden.
So mit Luft zum Abenteuer hatte Hera insgesammt
       Der Heroen Herz entflammt.

Neunte Strophe.

Auf, zur Argo! riefen alle Jungen, keiner blieb da fern
Bei der Mutter sich verzärtelnd; galt es auch das Leben, gern
Warb da jeder um der hohen Heldentugend ersten Preis.
Aber Jason, als er um sich sah den auserlef'nen Kreis,
Mustert seine Fahrtgenossen, und sein Herz war froh genug.
Denn der Seher Mopsos hieß nach heil'gem Loos und Vogelflug
Jetzt der Abfahrt Zeichen geben; und an Bord die Mannschaft ging.
Als der Anker aufgewunden nun am Vorderdecke hing,

Gegenstrophe.

Siehe! Jason, eine goldne Opferschal' in Händen, steht
Hoch zu Deck, den donnerfrohen Göttervater mit Gebet
Rufend und die schnellen Winde und die Nächte wie das Meer
Und die holden Tag'; er betet um die Gunst der Wiederkehr.
Da vom Himmel her zur Antwort scholl ein lauter Donnerton;
Aus den Wolken brechen Blitze, die am Himmel blendend loh'n.
Und es athmen die Heroen freudig auf und hoffnungsreich
Ob des gnäd'gen Götterzeichens, doch der Seher hieß sogleich

Epodos.

Mit den Rudern vorzufallen; frohe Hoffnung durft' er wecken;
Und die mächt'ge Ruderarbeit fördert schnell die Fahrt der Recken.
Von des Notos Hauch geleitet bis ans Thor des Unwirthbaren
Pontus opfern sie dem Gotte, dessen Fluthen sie befahren.
Eine weite Trift sie weihen zu Poseidon's Heiligthume,
Eine rothe Herde Thrakischer Stiere fällt zu seinem Ruhme,
Und dem mächt'gen Herrn der Schifffahrt — denn schon nahe droht Gefahr—
       Bringen sie Gebete dar,

Zehnte Strophe.

Daß der grimm'gen Symplegaden Widerprall das Argoschiff
Nicht zerschmettre. Schneller rollte dies lebend'ge Doppelriff
Als der Windsbraut dumpfes Tosen. Aber dieser Heldenzug
Setzt' ein Ende jenem Schrecken. Endlich in den Phasis trug
Sie das Schiff. Dort maßen erst sie Speer und Schwert in blut'gem Streit
Mit den dunkelfarb'gen Kolchern, wechseln dann Vertrag und Eid.
Doch der Liebespfeile Herrin, einen Vogel wunderbar
An vier Räderspeichen spannend, Füße sowie Flügelpaar,

Gegenstrophe.

Stieg vom Himmelssitz hernieder, ihrem Liebling beizustehn,
Lehrte Jason, unter Sprüchen jenes Zauberwerk zu drehn,
Daß Medea's Scham ersterb', und sie in Liebesgluth entbrannt
Von Verführung wie gegeißelt sehne sich nach Griechenland.
Sie nun zeigt' ihm Rath und Mittel, wie er seine Proben schafft,
Gab ihm Öl den Leib zu salben, Kräuter wundersamer Kraft,
Gegen Schmerz und Wunden Hülfe. Und der Ehe süßen Bund
Schwur der Held mit ihr zu theilen, und gelobt's mit Hand und Mund.

Epodos.

Siehe da! Schon stemmt Aetes seine Pflugschar in den Boden,
Hält die Stiere, deren Nüstern sprühten loh'nden Feuerodem,
Die mit ehernen Hufen wechselnd stampften und die Erde warfen;
Spannt mit starker Hand ans Joch sie, führt den Pflug in graben, scharfen
Furchen, wohl in Klaftertiefe schneidend in der Erde Rücken,
Spricht sodann: „Wenn diese Arbeit wird dem stolzen Helden glücken,
„Der des fremden Schiffes Führer, mag er, wie ich's ihm verhieß,
„Nehmen das gewünschte Vließ!

Elfte Strophe.

„Jenes Vließ von Golde strahlend.“ Als der König das gesagt,
Wirft den safranfarb'gen Mantel Jason ab, und unverzagt
Schreitet er ans Werk, der Zauber wehrt die Gluth, die ihn umloht,
Reißt die Pflugschar aus der Erde, zwingt in ihres Joches Noth
Der gewalt'gen Stiere Nacken, stößt des Stachels Zahn mit Macht
In die tief'gen Lenden, bis der Arbeit ganzes Maß vollbracht.
Und Aetes, der vor Staunen sprachlos solche Kraft geschaut,
Seinen Zorn nicht länger bergend, schrie vor Schmerz und Ärger laut.

Gegenstrophe.

Doch die Freund' empfingen jubelnd ihren Freund mit Siegeslust,
Reichten grüßend ihm die Hände, kränzten froh ihm Haupt und Brust,
Lob und Heil ihm rufend. Aber jetzt wird ihm gezeigt der Ort,
Wo einst Phrixos nach dem Opfer ausgespannt den goldnen Hort.
Diese Arbeit, meint der König, würde nimmermehr vollbracht;
Denn im Dickicht hielt ein Drache schlaflos bei dem Vließe Wacht,
Der's mit grimm'gen Zähnen packte. Länger war sein Leib zu schaun,
Als ein Schiff für funfzig Ruder, wie es Menschenhände baun.

Epodos.

Doch die Stunde drängt, ich mag nicht auf der großen Straße wandern;
Kürz're Wege kenn' ich, Weisheit soll ich fingen auch noch Andern.
Wisse denn, den grausgen Drachen half Athene ihm erlegen;
Drauf entführt' er auch Medea; willig folgt sie seinen Wegen.
Durch den Ocean dann irrend bis zum rothen Meer sie fuhren,
Sahn die Weiber, die in Lemnos sich zum Männermord verschwuren.
Dort im Wettkampf über Preise, von der Kön'gin ausgelobt,
   Ward der Helden Kraft erprobt

Zwölfte Strophe.

Und der Ehe Bund geschlossen. Da in fremder Flur entsproß
Eures Glückstrahls erster Samen; denn aus jenem Keine schoß
Seiner Zeit der Stamm Euphemos', dessen Söhne drauf von da,
Sich den Danaern zugesellend, fuhren gen Lakonika.
Spätere Enkel ziehn nach Thera, das vordem Schöneiland hieß.
Dort geschah's, daß Euch Apollon Libya's reiches Land verhieß.
Wo auf goldnem Sitz Kyrene, die gepries'ne Nymphe, thront,
Solltet eine Stadt Ihr gründen, unter Götterschutz bewohnt,

Gegenstrophe.

Wenn Ihr weisem Rathe folgt. — Jetzt werd' ein Räthsel Dir gestellt;
Sei ein Ödipus! Wenn Jemand eines Eichbaums Äste fällt,
Ihn mit scharfer Art verstümmelt, seiner Schönheit Krone raubt:
Lärm doch wird die Eiche machen dermaleinst, ob auch entlaubt,
Mag sie nun, ein Winterfeuer nährend, prasselnd untergehn,
Oder auch als Säul' errichtet unter andern Säulen stehn,
Einem fremden Hause dienstbar, von der Bürde fast erdrückt,
Aus dem mütterlichen Boden ausgerissen und entrückt.

Epodos.

Du, o Fürst, kannst Heilung bringen; Päan giebt Dir Ehr' und Segen.
Doch der Wunde Sitz berührend mußt Du sanft die Hände legen.
Denn den Bau des Staats erschüttern, das mag Schwächern auch gelingen;
Aber fest ihn wieder gründen, das erfordert mühsam Ringen,
Wenn ein Gott nicht gnädig selbst der Fürsten Hand am Steuer leitet.
Dir, o Fürst, hat Gunst der Götter diesen Segen vollbereitet.
Drum wohlan, der gottgeliebten Stadt Kyrene wende Du
　　Deine Lieb' und Sorge zu!

Dreizehnte Strophe.

Von Homer ein Wort beherz'ge! Folg' ihm willig, wenn er singt,
Daß zumeist ein guter Bote Fördrung jedem Werke bringt.
Auch die Muse — denn es ehrt sie — richtet gute Botschaft aus.
Wisse denn, wie in Kyrene, so im Battiadenhaus
Wird Demophilos gepriesen als gerecht und tugendreich,
Jung an Jahren, doch im Rathe den erfahrnen Greisen gleich.
Keine Lästerzunge wagt es, ihn mit lautem Wort zu schmähn.
Zwar dem Uebermuth zu dienen mag der Edle nicht verstehn,

Gegenstrophe.

Guten nimmer widerstreitend, noch auf Pläne später Frist
Je bedacht, weil Ziel und Maß den Menschen kurz gemessen ist,
Der Gelegenheit als Diener folgend, nicht als Knecht und Sclav.
Der Verbannung Schmerz ist doppelt, wenn ein edles Herz er traf!
Wie ein zweiter Atlas muß er gleichsam an der Erde Rand
Seine Himmelslasten tragen, fern von Haus und Vaterland.
Die Titanen hat der ew'ge Zeus erlöst. Der Schiffer pflegt
Seine Segel umzustellen, wenn der Sturmwind sich gelegt.

Epodos.

Sieh! er sehnt sich, weil so lang' er der Verbannung Weh getragen,
In der Heimat bei Apollon's Quell in frohen Festgelagen,
Unter musenkund'gen Freunden reiner Jugendlust ergeben,
Seine Phorminr kunstvoll rührend, friedlich ruhevoll zu leben,
Nicht verletzt und nicht verletzend. — Wüßte dann wohl zu berichten,
Wie in Theben er gefunden eine Quelle von Gedichten,
Reichlich strömend, zu bezeugen mit unsterblichem Gesang
　　Dir, o König, seinen Dank!

Schulnachrichten.

Vorwort.

Indem wir in diesem Jahre zum ersten Male ein Programm unserer Anstalt herausgeben, haben wir es, namentlich im Hinblick auf unsere auswärtigen Leser, für zweckmäßig erachtet, einige Bemerkungen über die ursprüngliche Gestaltung und die allmähliche Entwicklung unserer Hauptschule der Darstellung ihres gegenwärtigen Zustandes vorauf zu schicken.

Nach Abschüttelung der französischen Fremdherrschaft machte sich in dem bremischen Gemeinwesen namentlich auch das Bedürfniß einer Verbesserung des öffentlichen Unterrichts geltend, und es wurde von einer aus Rath und Bürgerschaft deshalb niedergesetzten Deputation darüber berathen. Das Resultat dieser Berathungen war die Bildung unserer Hauptschule, in welche die bis dahin bestehenden höheren Lehranstalten nunmehr aufgingen. Die neue Anstalt zerfiel in drei Abtheilungen: Vorschule, Gelehrtenschule und Handelsschule, deren Verhältniß zu einander folgendes war.

Die Vorschule, welche für Knaben vom achten bis zum vierzehnten Jahre berechnet war, hatte die Aufgabe, die allgemeine Bildung zu begründen; ihr Hauptzweck war die harmonische Ausbildung der geistigen und körperlichen Kräfte ohne bestimmte Rücksichtnahme auf die Wahl des künftigen Berufs. Die Limitirung des Alters ging von der Voraussetzung aus, daß mit dem Ablauf des vierzehnten Lebensjahres die Wahl eines besonderen Lebensberufs in den meisten Fällen erfolgen könne.

Für diejenigen Schüler, welche sich dem gelehrten Stande widmen wollten, erfolgte dann der Uebergang in die Gelehrtenschule, deren drei Classen für das Jünglingsalter etwa vom fünfzehnten bis zum neunzehnten Jahre bestimmt waren, und war es die Aufgabe dieser Abtheilung, auf die Benutzung des academischen Unterrichts gründlich vorzubereiten.

Dagegen sollte die Handelsschule nicht bloß, wie anzunehmen der Name leicht verleiten könnte, den künftigen Kaufleuten dienen, sondern die Vorbildung für jeden anderen Stand, als den gelehrten, verleihen, und die Benennung Handelsschule ging nur aus der durch die bremischen Verhältnisse gerechtfertigten besonderen Berücksichtigung des Kaufmannsstandes hervor. In dieser Abtheilung, welche wohl passender den Namen einer höheren Realschule erhalten haben möchte, sollte speciell der Eintritt in das bürgerliche Geschäftsleben vorbereitet und die Bildung

3

der etwa mit dem achtzehnten Lebensjahre aus der Anstalt austretenden Schüler zu einem gewissen Abschlusse gebracht werden.

Auf diese Weise trat die Hauptschule im Herbste des Jahres 1817 in's Leben, und wenn aus der weiter unten folgenden Darstellung ihres gegenwärtigen Zustandes die wesentliche Verschiedenheit von dem ursprünglichen sofort in die Augen fällt, so mag es zweckmäßig sein, die allmähliche Umgestaltung der einzelnen Abtheilungen während der vier Decennien, welche seit der Gründung der Hauptschule bis zur letzten Reorganisation derselben im Jahre 1857 verstrichen sind, hier noch in der Kürze anzuführen..

Zunächst berichtete im Jahre 1833 eine in Betreff einer Reorganisation der Hauptschule niedergesetzte Deputation, daß allerdings die Grundidee der Organisation von 1817 sich bewährt habe, demnach auch die einzelnen Abtheilungen nach den Grundzügen ihrer Stiftung zu erhalten seien, doch wurden folgende Modificationen beantragt und, unter Vorbehalt einer abermaligen Revision nach fünf Jahren, von Senat und Bürgerschaft genehmigt.

1. Die Aufnahme in die Vorschule geschieht in der Regel erst nach vollendetem neunten Jahre, die Entlassung aus derselben nach Vollendung des dreizehnten Jahres.

2. Die Aufnahme in die beiden höheren Abtheilungen erfolgt nach vorgängiger Prüfung der Vorschüler durch die Vorsteher jener.

3. Die Handelsschule erhält zu den bisherigen zwei Classen eine dritte.

4. Die Gelehrtenschule erhält für die dritte Classe eine Unterabtheilung mit wöchentlich zwölf Stunden, um den neueingetretenen Schülern in den alten Sprachen nachzuhelfen. Diese letztere Einrichtung wurde aber bereits 1835 dahin abgeändert, daß statt der erwähnten Unterabtheilung eine ordentliche vierte Classe gebildet wurde.

Abermals zur Revision der Organisation der Hauptschule niedergesetzte Deputationen empfahlen in ihren Berichten vom 21. Juni 1839 und 27. Februar 1846 die Beibehaltung der drei Abtheilungen und machten nur hinsichtlich einzelner Disciplinen einige Verbesserungsvorschläge.

War nun bis dahin die Organisation der Hauptschule in ihren wesentlichsten Grundzügen unverändert geblieben, so erhielt im Frühjahr 1856 die Schuldeputation durch einen verfassungsmäßigen Beschluß den Auftrag:

die Organisation der Hauptschule einer Revision zu unterziehen und namentlich über die Frage zu berathen und zu berichten, ob es sich nicht empfehle, die Vorschule so zu organisiren, daß der Vorbereitungsunterricht für die Gelehrtenschule von dem für die Handelsschule gesondert und dieser Unterricht etwa in getrennten Parallelclassen ertheilt werde.

Die Erörterung dieser wichtigen, den ganzen bisherigen Organismus der Hauptschule berührenden Frage führte zu so umfangreichen Verhandlungen, daß die Deputation erst Ende Mai 1857 den verlangten Bericht erstatten konnte, worauf die in demselben vorgeschlagenen Grundzüge zur Reorganisation der Hauptschule von Senat und Bürgerschaft genehmigt wurden.

Diese nunmehr angenommenen Grundzüge ergaben folgendes Resultat.

1. Das Gymnasium, welchen Namen die bisher Gelehrteschule genannte Anstalt erhielt, nimmt die Schüler mit dem vollendeten elften Lebensjahre auf und führt dieselben durch sechs Classen dergestalt, daß sie mit dem neunzehnten oder zwanzigsten Lebensjahre den ganzen Cursus vollendet haben werden. Die Aufgabe dieser Anstalt ist die allgemeine humanistische Ausbildung, wie sie das akademische Studium erfordert.

2. Die Handelsschule, welcher Name wohl wesentlich aus Pietät gegen sein Alter beibehalten wurde, führt ihre Schüler vom vollendeten elften bis zum vollendeten sechzehnten Lebensjahre durch fünf Classen. Sie hat die Aufgabe, die Bildungsanstalt des höheren Bremischen Handels- und Gewerbestandes zu sein und erstrebt, neben der Verfolgung ihrer besonderen Zwecke, gleichfalls eine allgemeine humanistische Bildung.

3. Die Vorschule, welche ihre Schüler mit dem vollendeten achten Jahre aufnimmt, hat die Aufgabe der Vorbereitung für die beiden höheren Abtheilungen. Ihr Character soll wesentlich der einer deutschen Schule sein, doch bleibt die Aufnahme fremder Sprachen nicht ausgeschlossen.

Nach Annahme dieser allgemeinen Grundzüge übernahm bereits im Herbst 1857 Professor Gravenhorst die Leitung des Gymnasiums und vereinigte mit derselben, als um Ostern 1858 die beschlossene Reorganisation ausgeführt wurde, die interimistische Leitung der Handelsschule, während Professor Motz um jene Zeit zum Vorsteher der Vorschule ernannt wurde. Im Herbst desselben Jahres übergab darauf Professor Gravenhorst das Directorium der Handelsschule dem von Elbing herberufenen Professor Hertzberg.

Vorstehende Skizze hat, wie bereits oben bemerkt worden, lediglich den Zweck einer geschichtlichen Einleitung; die Frage nach der Zweckmäßigkeit der nunmehr bestehenden Einrichtung ist absichtlich vollkommen ferngehalten worden. Selbstverständlich sind die Deputationen in ihrem Berichte und Senat und Bürgerschaft in ihrem Beschlusse durch wichtige Gründe zu ihren Anträgen, respective Beschlußnahmen veranlaßt worden, und wenn auch abermalige Modificationen der Zukunft vorbehalten bleiben mußten, so ist jedenfalls vor der Hand der Erfolg der erst vor vier Jahren vorgenommenen Reorganisation einstweilen abzuwarten.

Von Anfang an war es die Absicht der jetzt fungirenden Vorsteher, in jährlichen Programmen von dem dermaligen Zustande der ihrer Leitung anvertrauten Lehranstalten dem Bremischen Publikum Mittheilung zu machen und zugleich auch durch Austausch derselben dem deutschen Programmverein beizutreten. Ist diese ihre Absicht erst jetzt zur Ausführung gekommen, so hat dieß seinen Grund darin, daß durch eine so wesentliche Umgestaltung der Hauptschule auch eine ebenso wesentliche Umgestaltung der bisherigen Lehrpläne bedingt war, so daß zur Entwerfung derselben insbesondere die aus der Fremde übergesiedelten Vorsteher erst nach genauer und sorgfältiger Kenntnißnahme von den specifisch Bremischen Verhältnissen und nach Erlangung einer erst allmählich zu erwerbenden Vertrautheit mit den ihnen zugewiesenen Lehrkräften die Lösung der das Erscheinen eines Programms bedingenden Aufgabe finden konnten.

I. Die Vorschule.

Allgemeine Vorbemerkungen.

Die Vorschule umfaßte nach dem Reorganisationsplane von 1857 drei Classen mit je zwei Abtheilungen, doch hat der starke Andrang zu dieser Anstalt bereits jetzt zur Errichtung von drei Parallelabtheilungen geführt. Denn während diese Anstalt nach der Reorganisation anfangs 187 Schüler zählte, zählt dieselbe gegenwärtig 271 Schüler.

Die Aufnahme erfolgt um Ostern und Michaelis, demgemäß auch der Uebergang der obersten Abtheilung nach Vollendung des Trienniums in das Gymnasium und die Handelsschule zu denselben Zeiten. Durch die halbjährlich erfolgende Bildung neuer Abtheilungen ist zum Vortheil sowohl der ganzen Abtheilungen, als auch der einzelnen Schüler ein für zweckmäßig erachtetes Zurücklassen der schwächeren Knaben am Schlusse eines jeden Semesters möglich, wodurch natürlich ein ziemlich gleichmäßiges Fortschreiten der übrigen Schüler um so leichter zu erreichen ist. Die Zweckmäßigkeit dieser schon seit 1817 bestehenden Einrichtung, welche unseres Wissens sich in wenigen anderen Schulen Deutschlands finden möchte, glaubten wir hier besonders hervorheben zu müssen.

Die Frage, ob künftig in der Vorschule auch fremde Sprachen gelehrt werden sollten, wurde, insbesondere auch durch den Einfluß der Handelskammer, dahin entschieden, daß man die Erlernung der lateinischen Sprache für die beiden oberen Classen beibehielt.

Die Vorschule empfängt ihre Schüler vorzugsweise aus den beiden von den Lehrern Pietsch und Schöbe geleiteten Vorbereitungsschulen zur Hauptschule. Die Bedingungen der Aufnahme bei der Prüfung sind: ziemliche Fertigkeit im Lesen der deutschen und lateinischen Schrift, ein im Wesentlichen richtiges Nachschreiben eines leichten Dictats und allgemeine Kenntniß der drei ersten Species.

A. Lehrerpersonal.

1. Ordentliche Lehrer:

Motz, D. W., Professor. (Vorsteher.)

Meyer, W. J. Dr.	Migault, R. G.	Meister, C. L. D.
Wilkens, C. F. L.	Mindermann, J.	Schmelzkopf, J.
Janson, A. F.	Sell, C.	· Ulrich, A.

2. Hülfslehrer:

Hoyermann, F. Dr.	Wiedemann, J. G.	Kurth, H. L. H.

B. Lehrplan.

Dritte Classe.
Wöchentlich 26 Stunden.

1. **Religion.** 4 St. w. Biblische Geschichte des A. T. bis zur Zeit der Richter. — Vor dem Eintritt der christlichen Hauptfeste, Berücksichtigung der geschichtlichen Bedeutung derselben. — Sprüche und Lieder werden auswendig gelernt.

2. **Deutsch.** 8 St. w. Lesen 2 St. w. Die Stücke werden vom Lehrer vorgelesen, satzweise besprochen und mit besonderer Berücksichtigung des Tones von den Schülern einzeln und im Chor wiederholt. — Declamation 1 St. w. Wöchentlich wird ein durchgenommenes Stück gelernt. — Orthographie in Verbindung mit dem Wesentlichsten aus der Lautlehre und Wortbildung 2 St. w. Wöchentlich 2 schriftliche Uebungen. Grammatik 3 St. w. Flexion der Substantiva, Adjectiva und persönlichen Pronomina. Vorbereitung der Conjugation.

3. **Erdkunde.** 4 St. w. Heimathkunde und allgemeine geographische Begriffe mit zweckmäßiger Berücksichtigung der Naturkunde.

4. **Rechnen.** 4 St. w. Numeration, Addition, Subtraction, Multiplication und Division im unbegrenzten Zahlenraume.

5. **Schreiben.** 4 St. w.

6. **Singen.** 2 St. w. Vorübungen zur Entwickelung des musicalischen Gehörs und der Stimme. Geistliche und weltliche Lieder von geringstem Tonumfang in den einfachsten Tonverhältnissen. Die Texte werden gelernt.

Zweite Classe.
Wöchentlich 30 Stunden.

1. **Religion.** 2 St. w. Fortführung der biblischen Geschichte des A. T. bis zum babylonischen Exil. — Wiederholte Berücksichtigung der Festzeiten. — Sprüche, Lieder und das Verzeichniß der biblischen Schriften werden gelernt.

2. **Deutsch.** 6 St. w. Lesen und Orthographie 2 St. w. — Declamation 1 St. w. — Grammatik 3 St. w. Beendigung der Lehre von der Flexion. Unterscheidung und nähere Bestimmung der Redetheile. Die Lehre vom einfachen Satze an gegebenen Sätzen entwickelt und durch Bildung eigener Sätze befestigt. Wöchentliche schriftliche Aufgaben. Die Lehre vom zusammengesetzten Satze begonnen.

3. **Latein.** 6 St. w. Leseübungen. Flexion der Substantiva und Adjectiva. Hülfsverbum sum nebst den Compositis. Die erste Conjugation. Die Comparation. Die Numeralia. Die Pronomina. — Theils mündliche, theils schriftliche Uebersetzungen der Beispiele zu dem Gelernten.

4. **Naturgeschichte.** 2 St. w. Die Säugethiere und die Vögel.

5. **Erdkunde.** 4 St. w. Vorbereitende Kenntnisse aus der mathematischen und physischen Geographie. Allgemeine Uebersicht der topischen Geographie. Europa und Africa.

6. **Rechnen.** 4 St. w. Resolviren, Reduciren und die 4 Species in benannten Zahlen. Vorübungen zu den Brüchen. Addition derselben.

7. **Schreiben.** 4 St. w.

8. **Singen.** 2 St. w. Uebung im Solovortrage. Allgemeines Verständniß der musicalischen Zeichen. Geistliche und weltliche Lieder von weniger einfachen Tonverhältnissen. Anbahnen einer volksthümlichen zweiten Stimme in Terzen und Sexten.

Erste Classe.
Wöchentlich 32 Stunden.

1. **Religion.** 2 St. w. Beendigung der biblischen Geschichte des A. T. und Durchnahme der wichtigsten Ereignisse aus der Lebensgeschichte Jesu. Sprüche und Lieder werden gelernt.

2. **Deutsch.** 6 St. w. Lesen und Orthographie 2 St. w. — Declamation 1 St. w. — Grammatik 3 St. w. — Die Lehre vom zusammengesetzten Satze wird fortgeführt. Wöchentliche schriftliche Aufgaben zur Erläuterung, Einübung und Wiederholung der vorgetragenen Lehrgegenstände neben Erzählungen und Beschreibungen.

3. **Latein.** 6 St. w. Die zweite, dritte und vierte Conjugation. Die Deponentia. Die Präpositionen, Adverbia und Conjunctionen. Wöchentliche schriftliche Exercitien.

4. **Naturgeschichte.** 2 St. w. Amphibien, Fische und die niederen Thierclassen.

5. **Erdkunde.** 4 St. w. Asien, Amerika, Australien. Allgemeine Wiederholung.

6. **Geschichte.** 2 St. w. Die morgenländischen Reiche bis zu den Perser-Kriegen. Die Griechen bis zur Wanderung der Dorer nebst besonderer Berücksichtigung der alten Geographie.

7. **Rechnen.** 4 St. w. Subtraction, Multiplication und Division in Brüchen. Wiederholung und practische Anwendung.

8. **Schreiben.** 4 St. w.

9. **Singen.** 2 St. w. Erweitertes Verständniß der musicalischen Zeichen. Geistliche und weltliche Lieder schwieriger Art innerhalb der Grenzen des Volkstones. Uebung im zweistimmigen Gesange. Lateinische Texte zu Gunsten einer guten Vocalisation.

C. Hülfsmittel bei dem Unterrichte.

1. **Religion:** Kohlrausch, die Geschichten und Lehren der heiligen Schrift. Bibel. Gesangbuch.

2. **Deutsch,** Lüben und Nake, Lesebuch für Bürgerschulen. 3. Theil. Deutsches Lesebuch. (Bremen. Heyse.) 1. Theil.

3. **Latein:** Spieß, Uebungsbuch. 1. Abth. — Berger, lateinische Grammatik.

4. **Erdkunde:** Dr. Buchenau's Atlas. Stieler's Schulatlas der neuen Welt.

5. **Geschichte:** Stieler's Atlas der alten Welt, oder Th. Menke, orbis antiqui descriptio.

6. **Rechnen:** Exempelbuch der Schullehrer Wittwen-Casse. 1. Theil.

7. **Singen:** Kurth's Bremisches Liederbuch.

D. Lectionspläne.
I. Sommersemester 1861.
Dritte Classe.
Abtheilung B.
Classenlehrer: Mindermann.

Religion 4 St. Wilkens. Deutsch 8 St. Mindermann. Erdkunde 4 St. Ulrich. Rechnen 4 St. Ulrich. Schreiben 4 St. Mindermann. Singen 2 St. Kurth.

Abtheilung A.
Classenlehrer: Janson.

Religion 4 St. Migault. Deutsch 8 St. Janson. Erdkunde 4 St. Janson. Rechnen 4 St. Janson. Schreiben 4 St. Ulrich. Singen 2 St. Kurth.

Abtheilung AA.
Classenlehrer: Sell.

Religion 4 St. Meister. Deutsch 8 St. Sell. Erdkunde 4 St. Meister. Rechnen 4 St. Sell. Schreiben 4 St. Sell. Singen 2 St. Kurth.

Zweite Classe.
Abtheilung B.
Classenlehrer: Dr. Meyer.
Religion 2 St. Dr. Meyer. Deutsch 6 St. Dr. Meyer. Latein 6 St. Dr. Meyer. Naturgeschichte 2 St. Dr. Hoyermann. Erdkunde 4 St. Dr. Meyer. Rechnen 4 St. Ulrich. Schreiben 4 St. Mindermann. Singen 2 St. Kurth.

Abtheilung A.
Classenlehrer: Schmelzkopf.
Religion 2 St. Schmelzkopf. Deutsch 6 St. Schmelzkopf. Latein 6 St. Prof. Motz. Naturgeschichte 2 St. Schmelzkopf. Erdkunde 4 St. Schmelzkopf. Rechnen 4 St. Schmelzkopf. Schreiben 4 St. Ulrich. Singen 2 St. Kurth.

Abtheilung AA.
Classenlehrer: Wilkens.
Religion 2 St. Wilkens. Deutsch 6 St. Wilkens. Latein 6 St. Wilkens. Naturgeschichte 2 St. Dr. Hoyermann. Erdkunde 4 St. Wilkens. Rechnen 4 St. Ulrich. Schreiben 4 St. Sell. Singen 2 St. Kurth.

Erste Classe.
Abtheilung B.
Classenlehrer: Meister.
Religion 2 St. Prof. Motz. Deutsch 6 St. Meister. Latein 6 Stunden Meister. Naturgeschichte 2 St. Dr. Hoyermann. Erdkunde 2 St. Dr. Hoyermann. Geschichte 2 St. Prof. Motz. Rechnen 4 St. Janson. Schreiben 4 St. Sell. Singen 2 St. Kurth.

Abtheilung A.
Classenlehrer: Migault.
Religion 2 St. Migault. Deutsch 6 St. Migault. Latein 6 St. Migault. Naturgeschichte 2 St. Schmelzkopf. Erdkunde 4 St. Dr. Hoyermann. Geschichte 2 St. Prof. Motz. Rechnen 4 St. Schmelzkopf. Schreiben 4 St. Janson. Singen 2 St. Kurth.

II. Wintersemester 18⁶¹/₆₂.
Dritte Classe.
Abtheilung B.
Classenlehrer: Janson.
Religion 4 St. Migault. Deutsch 8 St. Janson. Erdkunde 4 St. Janson. Rechnen 4 St. Janson. Schreiben 4 St. Janson. Singen 2 St. Kurth.

Abtheilung BB.
Classenlehrer: Sell.
Religion 4 St. Meister. Deutsch 8 St. Sell. Erdkunde 4 St. Meister. Rechnen 4 St. Sell. Schreiben 4 St. Sell. Singen 2 St. Kurth.

Abtheilung A.
Classenlehrer: Mindermann.
Religion 4 St. Wilkens. Deutsch 8 St. Mindermann. Erdkunde 4 St. Wiedemann. Rechnen 4 St. Wiedemann. Schreiben 4 St. Mindermann. Singen 2 St. Kurth.

Zweite Classe.
Abtheilung B.
Classenlehrer: Migault.
Religion 2 St. Migault. Deutsch 6 St. Migault. Latein 6 St. Migault. Naturgeschichte 2 St. Schmelzkopf. Erdkunde 4 St. Wiedemann. Rechnen 4 St. Schmelzkopf. Schreiben 4 St. Wiedemann. Singen 2 St. Kurth.

Abtheilung BB.
Classenlehrer: Ulrich.
Religion 2 St. Ulrich. Deutsch 6 St. Ulrich. Latein 6 St. Dr. Hoyermann. Naturgeschichte 2 St. Dr. Hoyermann. Erdkunde 4 St. Dr. Hoyermann. Rechnen 4 St. Ulrich. Schreiben 4 St. Ulrich. Singen 2 St. Kurth.

Abtheilung A.
Classenlehrer: Dr. Meyer.
Religion 2 St. Dr. Meyer. Deutsch 6 St. Dr. Meyer. Latein 6 St. Dr. Meyer. Naturgeschichte 2 St. Wiedemann. Erdkunde 4 St. Dr. Meyer. Rechnen 4 St. Wiedemann. Schreiben 4 St. Wiedemann. Singen 2 St. Kurth.

Erste Classe.
Abtheilung B.
Classenlehrer: Schmelzkopf.
Religion 2 St. Schmelzkopf. Deutsch 6 St. Schmelzkopf. Latein 6 St. Prof. Motz. Naturgeschichte 2 St. Schmelzkopf. Erdkunde 4 St. Schmelzkopf. Geschichte 2 St. Prof. Motz. Rechnen 4 St. Schmelzkopf. Schreiben 4 St. Ulrich. Singen 2 St. Kurth.

Abtheilung BB.
Classenlehrer: Wilkens.
Religion 2 St. Wilkens. Deutsch 6 St. Wilkens. Latein 6 St. Wilkens. Naturgeschichte 2 St. Dr. Hoyermann. Erdkunde 4 St. Wilkens. Geschichte 2 St. Prof. Motz. Rechnen 4 St. Ulrich. Schreiben 4 St. Sell. Singen 2 St. Kurth.

Abtheilung A.
Classenlehrer: Meister.
Religion 2 St. Prof. Motz. Deutsch 6 St. Meister. Latein 6 St. Meister. Naturgeschichte 2 St. Dr. Hoyermann. Erdkunde 4 St. Dr. Hoyermann. Geschichte 2 St. Prof. Motz. Rechnen 4 St. Janson. Schreiben 4 St. Sell. Singen 2 St. Kurth.

E. Statistische Uebersicht.

Im Sommersemester 1861 zählte die Vorschule 242 Schüler, von denen 34 die III b, 24 die III aa, 25 die III a, 31 die II b, 28 die II aa, 32 die II a, 36 die I b, 32 die I a besuchten. Am Schlusse des Semesters gingen auf das Gymnasium 10 und auf die Handelsschule 21 Schüler über, und außerdem verließen noch 3 Knaben die Vorschule. Dagegen wurden neu aufgenommen 63 Schüler, wodurch die Bildung einer Parallelabtheilung zu III b erforderlich wurde. Bei dem Beginn des Wintersemesters 18⁶¹/₆₂ zählte demnach die Vorschule 271 Schüler, welche sich auf die gegenwärtigen 9 Abtheilungen folgendermaßen vertheilten: I a 33, I b 30, I bb 27, II a 28, II b 26, II bb 29, III a 35, III b 32, III bb 31. — Zum Uebergange auf das Gymnasium haben sich 10, zu dem auf die Handelsschule 23 Schüler gemeldet. Neu angemeldet sind bis jetzt 46 Knaben.

II. Die Handelsschule.

Allgemeine Vorbemerkungen.

Die Handelsschule zerfällt seit ihrer Reorganisation in fünf subordinirte Unterrichtsstufen, die (mit Ausnahme der Prima) genau in derselben Weise wie die der Vorschule in je zwei Cöten, also zusammen in neun Classen sich theilen. In jeder der Classen ist der Cursus jährig, aber während er in der einen Reihe von Ostern zu Ostern läuft, beginnt und schließt er in der andern zu Michaelis. Nur Prima hat wegen des stets bedeutenden Abganges aus den beiden Secunden in dies System der alternirenden Versetzung nicht aufgenommen werden können. Diese Classe empfängt daher bei übrigens auch jährigem Cursus halbjährlich neue Schüler.

Ihren regelmäßigen Nachwuchs entnimmt die Anstalt von der Vorschule an den genannten Terminen; von auswärts ihr zugeführte Schüler werden nach dem Ergebniß der mit ihnen angestellten Prüfung in die ihrer Vorbildung entsprechenden Classen eingereiht. Das normale Alter der Aufnahme in die Quinta ist das vollendete 11. Jahr.

Da der Lehrplan sich in methodischem Zusammenhang an den der Vorschule anschließt, diese aber den festen Abschluß ihrer Organisation der Natur der Sache nach erst zu Ostern 1861 hat gewinnen können, so ist ein Theil der unter Lit. B. aufgestellten Zielleistungen der Handels-schule, namentlich was den Unterricht in der Bibelkunde, Geographie und im Deutschen in den unteren und mittleren Classen betrifft, noch nicht vollständig ins Leben zu führen gewesen, also vorerst als ideales Ziel zu betrachten.

Andererseits hat die Macht localer Verhältnisse dem vollständigen und befriedigenden Abschluß der Gesammtleistungen in Prima bis jetzt Hindernisse in den Weg gesetzt, durch welche die regelrechte und erfolgreiche Entfaltung des Lehrplans auf dieser Stufe in bedauerlicher Weise verkümmert wird.

In andern Staaten nämlich fassen die Schulen gleicher Kategorie (so namentlich die preußischen höheren Realschulen) das Resultat ihrer Leistungen auch äußerlich in einem Abitu-rienten-Examen zusammen. Wie vortheilhaft ein solches verständliches und greifbares Ziel auf die wetteifernde Kraftentfaltung der Schüler in dem letzten Abschnitte ihrer Laufbahn wirken muß, darüber kann unter Sachverständigen kein Zweifel sein. Aber unser Staat ist nicht in der Lage, gewisse äußere Vortheile (Befreiung von der Cantonpflichtigkeit, Eröffnung bestimmter Dienst-Carrièren) an die Erreichung dieses Ziels zu knüpfen. Nichtsdestoweniger könnte sie, als Ehrensache hingestellt, wesentlich dieselben Erfolge zu Wege bringen, wie denn ja auch z. B. in Preußen der kleinste Theil der Abiturienten sich um jener äußeren Vortheile willen dem Examen unterwirft, vielmehr die Mehrzahl derselben durch eigenen Wetteifer oder durch den achtbaren Ehrgeiz der Eltern dazu getrieben wird.

4

Dem stehen aber am hiesigen Ort hauptsächlich zwei Hindernisse entgegen, die bis jetzt nicht wegzuräumen gewesen sind.

Die weitaus größte Anzahl unsrer Schüler widmet sich dem Handelsstande. Der Eintritt in die Comtoirs findet herkömmlich ungefähr in demselben Alter statt, in welchem die normal durch alle Classen fortgeschrittenen Schüler (d. h. also die besten Schüler) den Cursus in Prima vollendet haben würden. Aber eben nur ungefähr; denn die Eröffnung einer Lehrlingsstelle in einem Comtoir hängt selbstredend nicht von dem Semesterwechsel ab. Nun ist es aber für die ganze zukünftige Laufbahn eines jungen Mannes von der äußersten Wichtigkeit, rechtzeitig in ein gutes, zuverlässiges und an Verbindungen reiches Geschäft einzutreten. Die Meldungen dazu geschehen oft Jahre vorher, und wenn die in Aussicht genommene Stelle endlich offen wird, so werden selbst die einsichtigsten, um die harmonische Ausbildung ihrer Söhne ernstlich besorgten Eltern in dem Dilemma zwischen den Wünschen der Schule und den Aussichten des neuen Lebensberufs sich — wenn auch mit schwerem Herzen — doch schließlich für die letzteren entscheiden, und die Schule kann, ohne zudringlich zu werden und sich über ihre Stellung zu erheben, nicht mehr thun als ihr Bedauern darüber aussprechen.

Wenn nun schon auf diese Weise die Reihen der Primaner im Laufe des Semesters mehr und mehr gelichtet werden, so wirkt in derselben Richtung und für die methodische Lehrthätigkeit der Schule in mancher Beziehung noch viel nachtheiliger ein zweiter Umstand. In demselben Lebensalter, in welchem, wie oben bemerkt, die strebsameren Schüler den Cursus von Prima abschließen sollten, fällt in denjenigen Ständen, aus welchen unsre Anstalt sich fast ausschließlich recrutirt, die kirchliche Confirmation. Wenn nun schon naturgemäß die Aufgaben, welche der Religionsunterricht der Geistlichen mit sich bringt, gegen den Schluß hin sich concentriren und steigern, so geschieht dies an einigen Stellen in solchem Umfange, daß die Zahl der wöchentlichen Religionsstunden gegen Ende des letzten Semesters auf 6, ja bis auf 8 erhöht wird, daß das Maaß der häuslichen Arbeiten für Schule und Religionsunterricht die Kräfte der Jugend bei weitem überschreitet, daß erstere, den billigen und begründeten Vorstellungen der Eltern nachgebend, ihre eignen Anforderungen an die häusliche Thätigkeit der Schüler tiefer herabzusetzen gezwungen ist, als es sich mit der normalen Durcharbeitung eines richtig vertheilten Lehrstoffes vereinigen läßt, und daß demnach gerade die besten und gewissenhaftesten Schüler, um nicht nach einer oder nach beiden Seiten hin Halbes zu leisten, nicht selten im Laufe des letzten Vierteljahres gänzlich aus der Schule genommen werden.

Ein Abiturienten=Examen demnach mit den davon unzertrennlichen gesteigerten Forderungen an den häuslichen Fleiß in diese Zeit verlegen zu wollen, wäre ein Ding der Unmöglichkeit.

Noch gesteigert werden alle diese Uebelstände bei einem frühen Eintritt des Osterfestes. In diesem Falle gehen die Schüler, je nach dem Termin ihrer Confirmation, truppweise vor dem Semesterschluß ab, und es ist der Fall vorgekommen, daß gegen die Mitte des März die ganze Prima sich allmälig aufgelöst hatte. Wie mit diesem unsichern Bestand der Classe dem Schüler das Bewußtsein verloren geht, einer geschlossenen Einheit anzugehören, an der er seine Kräfte mißt und innerhalb deren er vorwärts strebt, wie die ungewisse Dauer seines eignen Aufenthalts ihn unruhig stimmt und mit seinen Gedanken in die Zukunft schweifen läßt, wie der Lehrer, der nicht weiß ob ein Schüler inmitten einer eben ihm gestellten Aufgabe nicht die Schule verlassen muß, stets Saaten sät, die er nicht aufgehn, geschweige denn reifen sieht, wie er selbst sonach den festen Boden unter den Füßen verliert, wie der ganze Unterricht sammt der Disciplin dadurch etwas Gestörtes, Fragmentarisches, Unfertiges bekommt, das kann der allerdings nur vollständig empfinden, der Anderes gewohnt gewesen, im Wesentlichen muß es aber Jedem einleuchten, der sich in diese Verhältnisse hineinzudenken die Mühe giebt.

Wie benselben auch nur zum Theil Abhülfe zu schaffen sei, ist nicht mit einem Worte zu sagen. Der Berichterstatter ist weit entfernt, irgend Jemanden deßwegen anzuklagen, er kann dies um so weniger wollen, je klarer er einsieht, wie diese Uebelstände in innigstem Zusammenhange mit den beneidenswerthesten Vorzügen unsers staatlichen Gemeinwesens stehen, mit der unbeschränkten bürgerlichen sowohl wie kirchlichen Freiheit. Aber verschweigen oder verschleiern durfte er sie ebenso wenig. Vielleicht, daß durch diesen Bericht eine Anzahl einsichtiger und wohlwollender Mitbürger, denen das Interesse für eine harmonische in sich abgerundete Bildung ihrer eignen Söhne sowohl wie der gesammten heranreifenden Jugend des höheren Bürgerstandes am Herzen liegt, zu einem freiwilligen Zusammenwirken in dieser Angelegenheit angeregt werden dürfte. Ihnen würde die Schule gern die Hand bieten, und mit ihrem Beistande dürfte sie sich getrauen die Wege zu dem für beide Theile gleich erwünschten Ziele aufzufinden.

A. Lehrerpersonal.

1. Ordentliche Lehrer:

Hertzberg, W. A. B. Professor Dr. (Vorsteher.)

Schmalhausen, B. Dr.   Schaefer, W. A. Dr.   Sonnenburg, J. A. A. Dr.

Lucas, N. J.   Gehle, J. H. W. Dr.   Wegener, F. C.

Plate, F. W. Dr.   Sägelken, C. Dr.   Buch, J.

Pletzer, Fr. A. Dr.

2. Provisorisch berufener Lehrer:

Scherk, H. J. Professor Dr.

3. Hülfslehrer:

Mohr, J. H., für die spanische Sprache.

Virgien, F. W., für Zeichnen, Rechnen und Schreiben.

Bertram, J., für Rechnen und Schreiben.

Kurth, H. L. H., für den Gesangunterricht.

B. Lehrplan.
Quinta.
32 Stunden wöchentlich.

1. Bibelkunde. 2 St. w. Repetition der alttestamentlichen Geschichte mit besondrer Berücksichtigung der didaktischen und prophetischen Schriften. Leben Jesu nach dem Evangelium Matthäi und Johannis mit Hervorhebung der Reden und Gleichnisse. Sprüche (namentlich) aus der Bergpredigt) und Gesangbuchverse namentlich in Anknüpfung an die kirchlichen Hauptfeste.

2. Deutsch. 4 St. w. Grammatik: Repetition der Formenlehre und ausführliche Erläuterung der Wortklassen und des einfachen Satzes. Leseübungen mit sachlicher und grammatischer Erklärung der betreffenden Stücke. Memoriren und Aufsagen von Fabeln, Liedern und leichteren Balladen. Aufsätze: Beschreibungen und Reproduction von Erzählungen.

3. Lateinisch. 4 St. w. Grammatik: Repetition der regelmäßigen Formenlehre; unregelmäßige Formenlehre; das Wichtigste aus der Casuslehre. Uebersetzungen aus Tappenbeck's Lesebuch. Exercitien.

4. Französisch. 5 St. w. Orthoepie, Orthographie. Grammatik: Declination der Substantiva, Artikel, Flexion des Adjectivs, persönliches Pronomen, Relativum, Possessivum, Demonstrativum, Interrogativum, die Hülfsverba vollständig; Cardinal- und Ordinalzahlen nach Plötz. Schriftliche Uebungen: Uebersetzung der betreffenden Abschnitte desselben Buches. Memorirübungen.

5. **Geschichte.** 3 St. w. Repetition des in der Vorschule durchgenommenen Lehrstoffs. Griechische Geschichte bis zur Schlacht bei Chäronea.

6. **Geographie.** 2 St. w. Topische Geographie Deutschlands mit Berücksichtigung seiner politischen Eintheilung.

7. **Naturgeschichte:** 2 St. w. Osteozoen.

8. **Rechnen.** 4 St. w. Geometrische Verhältnisse und Proportionen; Anwendung der letzteren auf die Regel de Tri. Einfache Regel de Tri mit geraden und ungeraden Abhängigkeiten. Aussprechen und Niederschreiben größerer Zahlgruppen, Verkürzungen bei Multiplication und Division, Rechnung mit benannten Zahlen, Bruchrechnung bis Ende der Multiplication mit Anwendung auf praktische Rechnungsarten nach möglichen Verkürzungen verbunden mit Kopfrechnen.

9. **Zeichnen.** 2 St. w. Gerade Linien in verschiedenen Richtungen, Zeichnung von Winkeln, Theilung der Linien und Winkel, Zusammenstellung gerader Linien zu geometrischen Figuren, krumme Linien in mannigfacher Form und aus diesen zusammengesetzte Figuren.

10. **Schreiben.** 2 St. w.

11. **Singen.** 2 St. w. Ein und zweistimmiger Knabengesang in Choralmelodieen und Volksweisen.

Quarta.
34 Stunden wöchentlich.

1. **Bibelkunde.** 2 St. w. Repetition des vorhergehenden Cursus. Apostelgeschichte, insbesondre Uebersicht der Missionsreisen des Paulus; Auswahl aus den apostolischen Briefen. Bibelsprüche und Gesangbuchverse.

2. **Deutsch.** 3 St. w. Grammatik: Zusammengesetzter Satz; Lese- und Declamirübungen nach einer dem Fortschritt der Schüler entsprechenden Auswahl. Erzählungen und Schilderungen, vorzugsweise nach Anleitung des Lehrers reproducirt.

3. **Lateinisch.** 3 St. w. Grammatik: Charakteristische Constructionen der lat. Syntax (Conjunctiv, Infinitiv, Participium), Uebersetzungen aus Tappenbecks Lesebuch; Exercitien, Extemporalien.

4. **Französisch.** 4 St. w. Grammatik: Repetition des vorigen Cursus. Regelmäßige Conjugation (incl. des Verbe réfléchi) vollständig, nebst den Regeln über die Veränderungen des zweiten Particips und die Stellung des Pronoms beim Verb. Das absolute Personalpronomen, die gebräuchlichsten unregelmäßigen Verba, Uebersetzung zusammenhangender Stücke nach Plötz; Memorirübungen.

5. **Englisch.** 4 St. w. Orthoepie und Orthographie. Grammatik: Regelmäßige Formenlehre und die hauptsächlichsten der unregelmäßigen Verba. Leichtere Lesestücke aus Hundeiker; Exercitien und Extemporalien; Memoriren kleiner Abschnitte in Prosa und Poesie.

6. **Geschichte.** 3 St. w. Tabellarische Repetition des bisher durchgenommenen Lehrstoffs. Griechisch-Macedonische Geschichte, Alexander der Große und seine Nachfolger. Römische Geschichte bis zum Ende der Republik. Alte Geographie von Italien und den römischen Provinzen.

7. **Geographie.** 2 St. w. Topische und politische Erdkunde von Dänemark, Holland, Belgien, Frankreich, der Schweiz, den außerdeutschen Ländern, der österreichischen und preußischen Monarchie. Repetition der früheren Abschnitte.

8. **Mathematik.** 2 St. w. Geometrie: Grundbegriffe; die Lehrsätze über die Eigenschaften der Winkel, der Parallellinien, über die Congruenz der Dreiecke; die einfachsten Constructionen: Halbiren des Winkels, der geraden Linie, Construction des rechten Winkels.

9. **Naturgeschichte.** 2 St. w. Winterhalbjahr: Zoologie der Arthrozoen und Gastrozoen. Sommerhalbjahr: Botanik.

10. **Rechnen.** 3 St. w. Die vielfache Regel de Tri mit geraden, ungeraden und vermischten Abhängigkeiten, Anwendung derselben auf praktische Rechnungsarten als: Zinsenberechnung mit ihren verschiedenen Abtheilungen; Division der Brüche mit Anwendung; soviel wie möglich im Kopfe. Aufgaben zur Verbindung aller 4 Rechnungsarten in Brüchen mit unbenannten und benannten Zahlen.

11. **Zeichnen.** 2 St. w. Einfache Landschaften, Hausgeräthe, Blumen, Ornamente, Thiere u. s. w. ohne oder nur mit leichter Schattirung mit Hinweisung auf Perspective und Schattenlinien.

12. **Schreiben.** 2 St. w.

13. **Singen.** 2 St. w. Zwei= und mehrstimmiger Knabengesang in Liedern und Gesängen kunstgerechter Form als Vorbereitung für den vollstimmigen Chorgesang.

Tertia.
32 Stunden wöchentlich.

1. **Deutsch.** 3 St. w. Grammatik: Zusammengezogener und abgekürzter Satz. Lese= und Declamirübungen. Die größeren Romanzen und Balladen Schillers und Uhlands, lyrische, elegische Gedichte. Aufsätze: Neben Schilderungen, Erzählungen und Briefen leichte Abhandlungen und Entwickelung ethischer Begriffe nach Anleitung des Lehrers.

2. **Lateinisch.** 3 St. w. Repetition der Grammatik, schriftliche Uebungen; die leichteren historischen Stücke aus Schaefers Lesebuch.

3. **Französisch.** 4 St. w. Grammatik: Repetition der früheren Curse; vollständige Conjugation der unregelmäßigen Verba; Gebrauch der Hülfsverba bei der Conjugation; Reflexiv= und unpersönliche Verba. Die hauptsächlichsten Regeln der Syntax. Entsprechende Exercitien aus Plötz, Lecture aus Plate's Lesebuch.

4. **Englisch.** 4 St. w. Grammatik: Gebrauch des Artikels, der Adjectiva, Pronomina und des Verbums. Exercitien nach Lloyd. Lecture leichterer Stücke aus Hundeiker.

5. **Geschichte.** 3 St. w. Schluß der alten Geschichte. Mittlere Geschichte, mit besonderer Berücksichtigung der deutschen bis zum Ende des Interregnums. Tabellarische Repetition des bisher Durchgenommenen.

6. **Geographie.** 2 St. w. Die skandinavische und die südlichen Halbinseln Europa's. Rußland.

7. **Mathematik.** 3 St. w. Geometrie: Repetition des vorigen Cursus; Lehrsätze über Parallelogramme und Trapeze, Verwandlungs= und Theilungs=Aufgaben, Messung und Berechnung der geradlinigen Figuren, Lehre von den geometrischen Proportionen und der Aehnlichkeit der Figuren. Arithmetik: Addition, Subtraction, Multiplication und Division allgemeiner Zahlen; Rechnung mit Potenzen, mit positiven und negativen ganzen Exponenten. Theorie der Decimalbrüche. Ausziehen der Quadrat= und Cubikwurzeln aus bestimmten und allgemeinen Zahlen; das dekadische Zahlensystem.

8. **Naturwissenschaft.** 2 St. w. Wintersemester: Mathematische und physische Geographie mit Berücksichtigung der Geognosie und Geologie. Sommersemester: Botanik.

9. **Rechnen.** 4 St. w. Repetition des in den untern Classen durchgenommenen Lehrstoffs. Zusammenziehung der Regel=de=Tri=Sätze im Kettensatze; Mischungsregel. Tara-Rechnung. Zins=, Disconto=, Rabatt=Rechnung, Zins= auf Zins=Rechnung, Rabatt vom Rabatt, Verfallungs=Rechnung, Gold=, Silber=, Zinn=Rechnung, Assecuranz= und Frachtberechnung. Kopfrechnen.

10. **Zeichnen.** 2 St. w. Schattiren von Würfeln und andern Körpern, Baumschlag, Ornamente, Köpfe, Thiere, Schiffe u. s. w. Kartenzeichnen geübt.

11. **Schreiben.** 2 St. w.

Secunda.

32 Stunden wöchentlich.

1. **Deutsch.** 3 St. w. Theorie der Stil- und Dichtungsarten; Prosodie, Metrik. Die Lese-, Memorir- und Declamir-Übungen in stetem erläuterndem Anschluß an die durchgenommenen Abschnitte der Poetik. Disponirübungen, Aufsätze, vorzugsweise leichtere Abhandlungen und Begriffs-Entwickelungen aus dem ethischen Gebiete; daneben Reisebeschreibungen und Schilderungen von Selbsterlebtem.

2. **Lateinisch.** 3 St. w. Lectüre der schwierigeren historischen Stücke und Schilderungen aus Schaefers Lesebuch.

3. **Französisch.** 4 St. w. Grammatik: Repetition der früheren Curse. Syntax: Lehre von den Tempora und Modi und den abhängigen Satzformen. Lectüre: Vorzugsweise die historischen Stücke des Recueil von Plate.

4. **Englisch.** 4 St. w. Grammatik: Unregelmäßige Verba; Rection der Verba und ihre Beziehungen zum Satz; gelegentliche Repetition der ganzen Formenlehre. Schriftliche Übungen der betreffenden Abschnitte nach Lucas' Aufgabebuch. Kaufmännische Briefe. Lectüre der schwierigeren Stücke in Hundeikers Lesebuch.

5. **Spanisch.** 3 St. w. Grammatik: Formenlehre. Regelmäßige und unregelmäßige Verba nach Kotzenberg. Flexion der Substantiva und Adjectiva, Lehre vom Personalpronomen; Zahlwörter. Lehre vom Passiv; Ersetzung durch das Reflexivum. Lehre vom Infinitiv, Participium, Gerundium. Das Verbum nach seiner grammatischen Bedeutung. Der Unterschied von ser und estar. Übersetzung der entsprechenden Übungen bei Kotzenberg. Lectüre: Leichtere historische Stücke aus dem Lesebuche: Conquista de Mejico.

6. **Geschichte.** 3 St. w. Schluß des Geschichte des Mittelalters: die Entdeckungen, die Reformationsgeschichte; die neuere Geschichte bis zum Zeitalter Ludwigs XIV. Tabellarische Repetition der früheren Abschnitte.

7. **Geographie.** 2 St. w. Repetition des vorhergehenden Cursus; England, Asien, Africa.

8. **Mathematik.** 4 St. w. Geometrie: Repetition des vorhergehenden Cursus. Lehre vom Kreise; Linien und Winkel im und am Kreise; gradlinige Figuren im Kreis und um den Kreis; Rectification und Quadratur des Kreises. Arithmetik: Rechnen mit Wurzelgrößen und Logarithmen; Gleichungen des ersten Grades mit einer und mehreren unbekannten Größen, so wie dahingehörige Aufgaben.

9. **Naturwissenschaft.** 2 St. w. Physik. Allgemeine Einleitung; Eigenschaften der Körper; die Attraction, der freie Fall, Grundgesetze der Statik und Dynamik. Chemie: Die wichtigsten Metalloide und deren Säuren.

10. **Rechnen.** 2 St. w. Theilungs-, Gesellschafts-, Falliten-Rechnung nach Bremischer Falliten-Ordnung; Gewinn- und Verlustrechnung, directe Wechselrechnung nach den Bremer Cours-verhältnissen; Wiederholung aller Rechnungsarten mit Anwendung directer Wechselverhältnisse. Indirecte Wechselrechnung, Parirechnung, Arbitragerechnung, Gewinn- und Verlustrechnung bei Wechseloperationen ohne Spesen und mit Spesen; Wechselcommissionen. Kopfrechnen.

11. **Schreiben.** 2 St. w.

Prima.

31 Stunden wöchentlich.

1. **Deutsch.** 4 St. w. Geschichte der deutschen Literatur; die früheren Perioden in allgemeiner Übersicht nur mit Hervorhebung der wichtigsten Repräsentanten; das 18. Jahrhundert eingehend und ausführlich. In stetem erläuterndem Anschluß daran werden die Lese-, Memorir- und Declamir-Übungen gehalten; auch die Aufsätze entnehmen ihren Stoff

vorzugsweise aus den Vorträgen über die Literatur; daneben selbständige Auszüge aus leichteren kritischen Aufsätzen Lessings, Herders und Schillers. Entwickelung ethischer und ästhetischer Begriffe nach Anleitung des Lehrers. Dispositions-Übungen.

2. **Lateinisch.** 3 St. w. Prosodie, Metrik der daktylischen Maaße. Virgils Aeneide.

3. **Französisch.** 4 St. w. Grammatik: Die schwierigeren Regeln der Syntax; Gallicismen. Stilübungen: Briefe, Dialoge; Sprechübungen, Exercitien nach Plötz. Lectüre: Geschichtliche und naturgeschichtliche Schilderungen nach dem Recueil von Plate.

4. **Englisch.** 4 St. w. Stilübungen. Übersetzung deutscher classischer Schriftstücke ins Englische. Einübung von Anglicismen. Kaufmännische Briefe. Lectüre: Schwierigere, namentlich poetische Stücke aus Herrig's Handbuch. Memoriren angemessner Abschnitte; Übersicht der englischen Literatur; Sprechübungen.

5. **Spanisch.** 4 St. w. Grammatik: Gebrauch der Hülfsverba, Pronomina, Präpositionen. Satzbildung. Übersetzen deutscher kaufmännischer Briefe nach Kotzenberg's Spanischem Briefsteller. Lectüre: Schwerere Abschnitte aus dem Lesebuche, kleine dramatische Stücke, Briefe.

6. **Geschichte.** 3 St. w. Neuere Geschichte bis auf die neueste Zeit. Repetition wie in den früheren Classen.

7. **Geographie.** 2 St. w. America und Australien. Climatologie: Isothermen, Isotheren, Isochimenen.

8. **Mathematik.** 3 St. w. Neuere Geometrie. Stereometrie, Trigonometrie. Arithmetik: Combinationslehre. Der binomische und polynomische Lehrsatz. Gleichungen zweiten und dritten Grades.

9. **Naturwissenschaft.** 2 St. w. Physik: Licht, Wärme, Electricität und Magnetismus. Chemie: Die leichteren Metalle, als Kalium, Natrium, Calcium, Barium, Strontium, Magnium und Aluminium; die schwereren Metalle als Eisen, Kupfer, Blei, Zinn, Zink, Chrom, Quecksilber, Silber, Gold und Platin.

10. **Rechnen.** 2 St. w. Contocouranten, der auswärtige Waarenhandel, Facturen, Consignationen, einfache und zusammengesetzte Calculationen.

11. **Schreiben.** 1 St. w.

C. Hülfsmittel bei dem Unterricht.

A. Für Wissenschaften.

Dielitz, Grundriß der Weltgeschichte.

Schaefer, Grundriß der Geschichte der deutschen Literatur.

Hartmann, Leitfaden für den geographischen Unterricht.

Schulatlas der neuern Geographie.

Vega, logarithmisch-trigonometrisches Handbuch.

Sonnenburg, Leitfaden der Elementar-Geometrie.

Meier-Hirsch, Sammlung von Aufgaben aus der Algebra.

Birgien, Rechen-Aufgaben.

Schödler, Buch der Natur.

Leunis, Leitfaden der Naturgeschichte. 1. Heft: Zoologie; 2. Heft: Botanik.

B. Für Sprachen.

Deutsches Lesebuch. (Bremen, Heyse.) 2. Theil.

Schaefer, Auswahl aus den deutschen Dichtern des achtzehnten und neunzehnten Jahrhunderts.

Berger, lateinische Grammatik.

Französisches Lesebuch (von Plate) 1. Theil. 2. Theil. 2. Abth. Recueil.
Plötz, Vocabulaire systématique.
Plötz, Lehrbuch der französischen Sprache. 1. und 2. Cursus.
Laun, Übungsstoffe zum Übersetzen ins Französische.
Lloyd, englische Sprachlehre.
Lucas, Übungsaufgaben über die Regeln der englischen Sprache.
Lucas, Auswahl deutscher Musterstücke zum Übersetzen ins Englische.
Hunceifer und Plate, englisches Lesebuch. 1 Bd.
Herrig, Handbuch der englischen Nationalliteratur.
Schaefer, lateinisches Lesebuch.
Tappenbeck, lateinisches Lesebuch.
Kotzenberg, spanische Grammatik.
Spanisches Lesebuch. (Bremen, Schünemann.)
Kotzenberg, praktisches Handbuch der spanischen Handelscorrespondenz.

D. Lectionsplan.

I. Sommersemester 1861.

Quinta B.

Classenlehrer: Dr. Plate.

Bibelkunde 2 St. w. Plate. Deutsch 4 St. w. Plate. Latein 4 St. w. Plate. Französisch 5 St. w. Sägelken. Geschichte 3 St. w. Plate. Geographie 2 St. w. Gehle. Naturgeschichte 2 St. w. Sägelken. Rechnen 4 St. w. Birgien. Zeichnen 2 St. w. Birgien. Schreiben 2 St. w. Birgien. Singen 2 St. w. Kurth.

Quinta A.

Classenlehrer: Dr. Pletzer.

Bibelkunde 2 St. w. Pletzer. Deutsch 4 St. w. Pletzer. Lateinisch 4 St. w. Pletzer. Französisch 5 St. w. Buch. Geschichte 3 St. w. Pletzer. Geographie 2 St. w. Pletzer. Naturgeschichte 2 St. w. Pletzer. Rechnen 4 St. w. Birgien. Zeichnen 2 St. w. Birgien. Schreiben 2 St. w. Birgien. Singen 2 St. w. Kurth.

Quarta B.

Classenlehrer: Buch.

Bibelkunde 2 St. w. Buch. Deutsch 3 St. w. Buch. Lateinisch 3 St. w. Plate. Französisch 4 St. w. Buch. Englisch 4 St. w. Gehle. Geschichte 3 St. w. Pletzer. Geographie 2 St. w. Pletzer. Mathematik 2 St. w. Wegener. Rechnen 3 St. w. Birgien. Zeichnen 2 St. w. Birgien. Schreiben 2 St. w. Bertram. Singen 2 St. w. Kurth.

Quarta A.

Classenlehrer: Dr. Gehle.

Bibelkunde 2 St. w. Gehle. Deutsch 3 St. w. Gehle. Lateinisch 3 St. w. Plate. Französisch 4 St. w. Gehle. Englisch 4 St. w. Gehle. Geschichte 3 St. w. Gehle. Geographie 2 St. w. Sägelken. Mathematik 2 St. w. Wegener. Rechnen 3 St. w. Birgien. Zeichnen 2 St. w. Birgien. Schreiben 2 St. w. Bertram. Singen 2 St. w. Kurth.

Tertia B.
Classenlehrer: Dr. Sägelken.

Deutsch 3 St. w. Sägelken. Lateinisch 3 St. w. Sägelken. Französisch 4 St. w. Sägelken. Englisch 4 St. w. Lucas. Geschichte 3 St. w. Plate. Geographie 2 St. w. Sägelken. Mathematik 3 St. w. Scherk. Naturwissenschaft 2 St. w. Wegener. Rechnen 4 St. w. Bertram. Zeichnen 2 St. w. Birgien. Schreiben 2 St. w. Birgien.

Tertia A.
Classenlehrer: Wegener.

Deutsch 3 St. w. Wegener. Lateinisch 3 St. w. Schaefer. Französisch 4 St. w. Buch. Englisch 4 St. w. Lucas. Geschichte 3 St. w. Schaefer. Geographie 2 St. w. Schmalhausen. Mathematik 3 St. w. Wegener. Naturwissenschaft 2 St. w. Wegener. Rechnen 4 St. w. Bertram. Zeichnen 2 St. w. Birgien. Schreiben 2 St. w. Birgien.

Secunda B.
Classenlehrer: Dr. Schmalhausen.

Deutsch 3 St. w. Hertzberg. Lateinisch 3 St. w. Schmalhausen. Französisch 4 St. w. Schmalhausen. Englisch 4 St. w. Lucas. Spanisch 3 St. w. Mohr. Geschichte 3 St. w. Schmalhausen. Geographie 2 St. w. Schmalhausen. Mathematik 4 St. w. Scherk. Naturwissenschaften 2 St. w. Sonnenburg. Rechnen 2 St. w. Bertram. Schreiben 2 St. w. Bertram.

Secunda A.
Classenlehrer: Dr. Schaefer.

Deutsch 3 St. w. Schaefer. Lateinisch 3 St. w. Schaefer. Französisch 4 St. w. Buch. Englisch 4 St. w. Lucas. Spanisch 3 St. w. Mohr. Geschichte 3 St. w. Schaefer. Geographie 2 St. w. Schaefer. Mathematik 4 St. w. Wegener. Naturwissenschaften 2 St. w. Sonnenburg. Rechnen 2 St. w. Bertram. Schreiben 2 St. w. Bertram.

Prima.
Classenlehrer: Hertzberg.

Deutsch 3 St. w. Hertzberg. Lateinisch 3 St. w. Hertzberg. Französisch 4 St. w. Schmalhausen. Englisch. Stil: 2 St. w. Lucas. Lectüre: 2 St. w. Hertzberg. Spanisch 4 St. w. Mohr. Geschichte 3 St. w. Schaefer. Geographie 2 St. w. Schmalhausen. Mathematik 3 St. w. Scherk. Naturwissenschaften 2 St. w. Sonnenburg. Rechnen 2 St. w. Bertram. Schreiben 1 St. w. Bertram.

II. Wintersemester 18⁶¹/₆₂.

Die Vertheilung der Lectionen blieb dieselbe, nur daß die Lehrer der vorgerückten Cöten den Cursus mit den nach V b — II b nachrückenden Classen V a — II a von neuem begannen, während die bis dahin im ersten Theil des Cursus stehenden Abtheilungen (V b — II b) im Winter die Benennung V a — II a erhielten.

E. Statistische Uebersicht.

Zu Ostern 1861 besuchten die Handelsschule 261 Schüler, von denen in I: 17, in II a: 14, in II b: 27, in III a: 30, in III b: 23, in IV a: 26, in IV b: 31, in V a: 22, in V b: 35 saßen. Es gingen davon im Laufe des Sommers 20 ab. Es kamen dagegen zu Michaelis hinzu: von der Vorschule: 21, vom Gymnasium: 3, von andern Schulen: 2, zusammen: 26, so daß beim Beginn des Wintersemesters die Gesammtzahl der Schüler 231 betrug, die sich in folgender Weise auf die einzelnen Classen vertheilten: I: 24, II a: 26, II b: 24, III a: 23, IV a: 35, IV b: 20, V a: 39, V b: 21.

Hertzberg.

III. Gymnasium.

Allgemeine Vorbemerkungen.

Das Gymnasium sollte nach der Organisation von 1857 aus sechs Klassen mit ein=, respective anderthalb= und zweijährigen Kursen bestehen. Seit Michaelis 1860 ist die Secunda in zwei Coetus getheilt, so daß seit der Zeit sieben Abtheilungen bestehen, von denen die sechs untern je einen einjährigen Kursus und nur die Prima einen zweijährigen Kursus hat. Die Aufnahme geschieht zu Ostern und Michaelis, und sind in Folge davon in jeder Klasse zwei um ein Halbjahr unterschiedene Generationen vereint, was die Methode des Unterrichtens in einigen Fächern zwar einigermaßen erschwert,* aber auch wegen der dadurch bedingten Wiederholungen so wie durch den belebten Wetteifer nicht ohne gute Folgen ist. Die natürliche Folge ist, daß zuweilen (besonders in den untern Klassen) begabtere Schüler ihren Kursus um ein halbes Jahr ver= kürzen können, während auf der andern Seite das längere Zurückbleiben in einer Klasse oft sehr heilsam erscheint und keineswegs immer als eine Folge von Trägheit oder geistiger Beschränktheit angesehen werden darf.

Das Gymnasium empfängt seine Schüler regelmäßig mit dem vollendeten 11ten Lebens= jahre aus der Vorschule. Die Bedingung der Aufnahme ist demnach die Absolvirung des oben dargestellten Lehrcursus der genannten Schule. Von auswärts eintretende Schüler werden den=

---

* Bedeutende Autoritäten in der pädagogischen Welt bezeichnen diesen Übelstand als einen unerträglichen. S. „Programm des Lyceums zu Hannover." S. 45 f.:

„Die Schattenseite der Einrichtung liegt weniger, wo man sie zu suchen geneigt ist, in der Ungleichmäßigkeit der Schüler, als in dem Umstande, daß in Folge der halbjährigen Versetzungen bei einjährigen Cursen die Hälfte der Schüler, bei längeren Cursen sogar die Mehrzahl den Unterricht in ganz verkehrter Ordnung erhält. Das machte so lange weniger aus, als das ausschließliche Gewicht auf den Sprachunterricht gelegt wurde, der schon eher einen etwas unregelmäßigen Gang verträgt, zumal wenn die Grammatik nach alter Weise mehr practisch als theoretisch getrieben wird. Aber seitdem auch Geschichte, Mathematik und andere wissenschaftliche Fächer eine bedeutendere Geltung im Schulunterrichte erlangt haben, und seitdem dem grammatischen Unterrichte Grammatiken und Übungsbücher eines streng methodischen Ganges zu Grunde liegen, ist es unverkennbar ein unerträglicher Umstand, wenn durch die halbjährlichen Versetzungen ein großer Theil der Schüler im Unterrichte die Fortsetzung vor dem Anfange, das Schwerere vor dem Leichteren, die Folgerung vor den Prämissen bekommt."

Bis jetzt sehen wir jedoch nicht die Möglichkeit ab, hier, wie in Hannover und ganz allgemein in den preußischen Schulen, jährliche Versetzungen einzuführen.

selben Ansprüchen gemäß geprüft. Das Lehrziel des Gymnasiums ist in der obersten Klasse diejenige allgemeine humanistische Ausbildung, wie sie das akademische Studium erfordert; auch wird denjenigen Schülern, welche den ganzen Gymnasial-Kursus absolvirt und nach zweijährigem Besuch der Ersten Klasse in einem schriftlichen und mündlichen MaturitätsExamen ihre Reife nachgewiesen haben, ein förmliches Zeugniß der Reife ausgestellt. Die Schüler, welche, ohne den Kursus absolvirt zu haben, etwa früher zu irgend einem speciellen Lebens-Berufe übergehen, oder die, ohne das Maturitäts-Examen gemacht* oder bestanden zu haben, zur Universität abgehen wollen, erhalten ein specificirtes Abgangszeugniß über Betragen, Fleiß und Kenntnisse. — Der Lehrplan der Schule ist dem genannten Ziele gemäß eingerichtet, so daß einige Lehrfächer, wie z. B. die Geschichte, erst in der Prima einen befriedigenden Abschluß erhalten. So viel jedoch ohne Benachtheiligung jener Hauptaufgabe geschehen kann, wird, wie aus der hierunter folgenden Übersicht hervorgeht, auch in den mittlern Klassen ein gewisser Abschluß bezweckt, um auch der größeren Hälfte unserer Schüler gerecht zu werden. Denn nur eine beschränkte Anzahl absolvirt den ganzen Kursus, während mindestens eben so Viele aus den mittlern Klassen entweder zum Handelsstande oder zum Landbau oder auf eine polytechnische Anstalt übergehen.

A. Lehrerpersonal.

1. Ordentliche Lehrer:

Gravenhorst, C. Th. Professor. (Vorsteher.)

Tappenbeck, J. W. Professor.	Volkmann, J. H.	Ruperti, W. F.
Sonnenburg, A. Dr.	Müller, H. A. Dr.	Dreyer, J. H.
Sattler, W. F. Dr.	Torstrik, J. A. Dr.	Mindermann, J.

2. Hülfslehrer:

Hoyermann, F. Dr.	Kirchner, K.	Kurth, H.

B. Lehrplan.

Sexta.

Normalalter für den Eintritt: das vollendete 11te Lebensjahr. — Kursus einjährig. — 30 w. Lectionen.

1. **Bibelkunde.** 2 St. wöchentlich. Recapitulation der Geschichte des A. T. — Neutestamentliche Geschichte nach den Evangelien und der Apostelgeschichte. Erlernung ausgewählter Stellen der heiligen Schrift.
2. **Deutsch.** 4 St. w. Deklamationsübungen beim Beginn jeder Stunde. Lectüre aus dem Bremer Lesebuche Kursus II, 2 St. Aufsätze. Leichte Reproductionen im erzählenden Stil. 1 St. Grammatik nach Heyse. Repetition der Formenlehre. 1 St.

---

* Anm. Es findet keinerlei Zwang zur Prüfung statt; auch sind keine äußern Nachtheile damit verbunden, wenn in der Prüfung einem Schüler das Zeugniß der Reife versagt werden muß. Doch gilt es unter unsern Schülern mit Recht als Ehrensache, die Prüfung gut zu bestehen, und es kommt höchst selten vor und nur wenn äußere vermeintlich zwingende Gründe das Biennium abzukürzen nöthigen (was in den letzten 4 Jahren einmal der Fall gewesen ist), daß ein Primaner ohne Maturitäts-Examen abgeht. Unsre Maturitäts-Zeugnisse haben zwar nicht contractmäßig bei auswärtigen Behörden officielle Gültigkeit, sind jedoch in den vorgekommenen Fällen von den Oldenburgischen und Hannoverschen Behörden anerkannt worden.

3. **Lateinisch.** 8 St. w. Grammatik nach Berger. Repetition der Formenlehre mit Hinzunahme der Ausnahmen (abgesehen von griechischen Wörtern). Erlernen der stark conjugirten und irregulären Verba. 2 St. — Exercitia und Extemporalia nach Heidelberg. 2 St. — Lectüre aus dem Lesebuche von Tappenbeck, vorzüglich die Abschnitte aus der römischen Geschichte. 4 St.

4. **Französisch.** 3 St. Nach Plötz Lehrbuch der französischen Sprache erster Kursus, im ersten Semester bis Lect. 34, im zweiten bis 59. Uebersetzung der Uebungsstücke aus dem Französischen ins Deutsche und vice versa. — Schriftliche Exercitia. In einer der drei wöchentlichen Stunden Lectüre der leichtern Dialoge in Hundeikers und Plate's Lesebuch Th. I.

5. **Geschichte.** 2 St. Auswendiglernen einer mäßigen Anzahl der wichtigsten Thatsachen und Zahlen aus dem Gesammtgebiet der Weltgeschichte. Erzählungen einzelner Partien, vorzugsweise aus der alten griechischen und römischen Geschichte.

6. **Geographie.** 2 St. Ueberblick und Repetition der topischen, so wie der orographischen und hydrographischen Verhältnisse der außereuropäischen Welttheile. Als Einleitung Wiederholung der Elemente der mathematischen und physikalischen Geographie. ·

7. **Naturgeschichte.** 2 St. Physiologische Einleitung; Naturgeschichte der Säugethiere (im Winterhalbjahre) und der Vögel (im Sommerhalbjahre).

8. **Rechnen.** 3 St. Wiederholung der Bruchrechnung. Verhältniß des Theils zum Ganzen in reinen Zahlen. Anwendung derselben auf die benannten Zahlen. Die Proportion in reinen Zahlen. Angewandte Proportionen. Proportionsaufgaben mit doppelten und umgekehrten Verhältnissen.

9. **Schreiben.** 2 St.

10. **Zeichnen.** 2 St. Grade Linien zu symmetrischen Figuren zusammengestellt; grad- und krummlinige Figuren nach Wandtafeln; Zeichnen nach körperlichen Modellen (Drahtmodelle nach Dupuis' System).

Quinta.

Normalalter: das vollendete 12te Lebensjahr. — Kursus einjährig. — 30 (künftig für den jüngern Cötus 29, für den ältern 31) wöchentliche Lectionen.

1. **Bibelkunde.** 2 St. Fortsetzung und Absolvirung des in Sexta begonnenen Unterrichts.

2. **Deutsch.** 3 St. Grammatik nach Heyse's Schulgrammatik. Th. III Abth. 2 (Rectionslehre) mit Ausscheidung des Schwerern. Vorlesen und Declamiren deutscher Gedichte. Aufsätze: selbstständige oder wiedergegebene Erzählungen, Briefe, Beschreibungen.

3. **Lateinisch.** 8 St. Grammatik. Repetition der unregelmäßigen Verba, der Präpositionen, der schwierigern Pronomina und anderer Theile der Formenlehre nach Berger's Grammatik. Wiederholte Einprägung der stark conjugirten Verba mit ihren Ableitungen nach Hauser, Elementa Latinitatis. Mündliches Uebersetzen aus dem Uebungsbuch von Heidelberg II Kursus. 3 St. Exercitia aus Grotefend's Materialien I Kursus 1 Hft. (der erste geographische Theil); Extemporalia nach Dictaten über die aus der Lectüre entnommenen leichtern syntaktischen Regeln. 2 St. Lectüre des Cornelius Nepos. 3 St.*

4. **Griechisch.** 1 St. (künftig 2 St. für den ältern zur Versetzung aspirirenden Cötus). — Propädeutische Uebung im Lesen, verbunden mit Erlernen der regelmäßigen Deklination und Conjugation und Einprägung der wichtigsten Lautgesetze, nach Curtius' Grammatik.

---

*Anm. Hier wie überall ist der Stoff der Lectüre nicht quantitativ zu verstehn. Namentlich in den obern Klassen, wo eine größere Masse zur Wahl vorliegt, wäre jede schärfere Begrenzung des Maßes unthunlich.

5. **Franzöſiſch.** 3 St. Plötz' Lehrbuch) Lect. 60—73 und im zweiten Semeſter 74—91. Ueberſetzung der Uebungsſtücke aus dem Franzöſiſchen ins Deutſche und vice versa. Schriftliche Exercitia eben daraus. 2 St. Lectüre einiger Anecdotes et traits historiques aus dem Leſebuche. 1 St.

6. **Geſchichte.** 2 St. Befeſtigung und Vermehrung der in Serta gelernten Thatſachen und Zahlen aus der allgemeinen Geſchichte. Erzählung einzelner Partien, vorzugsweiſe aus der deutſchen Geſchichte im Mittelalter.

7. **Geographie.** 2 St. Nach einer kurzen Repetition des Penſums der Serta unter Hinzu=füugung der nothwendigſten politiſchen Notizen der fremden Welttheile folgt die genauere Betrachtung der orographiſchen und hydrographiſchen Verhältniſſe in Europa.

8. **Naturgeſchichte.** 2 St. Reptilien und Fiſche im Winter=, niedere Thiere im Sommerhalbjahr.

9. **Geometriſche Propädeutik.** 1 St. Übungen und Anregungen des mathematiſchen An=ſchauungsvermögens durch Betrachtung der mathematiſchen Körper, als des Würfels, des Prisma ꝛc. Übungen in der Anwendung des Lineals und Cirkels, verlangte Linien und Winkel mechaniſch zu zeichnen und zu theilen. Die erſten Sätze der Planimetrie bis zum Dreieck.

10. **Rechnen.** 2 St. Die bürgerlichen Rechnungsarten: Tara=, Zins=, Rabatt=, Gewinn= und Verluſt=Rechnung ꝛc.

11. **Schreiben.** 2 St.

12. **Zeichnen.** 2 St. Fortſetzung des Zeichnens nach Modellen; Pyramide, Kegel, Cylinder, Kugel, einfache ornamentale Holzmodelle; Vorübung zum landſchaftlichen Zeichnen. Begriff und Übung des geometriſchen Zeichnens.

Quarta.

Normalalter: das vollendete 13te Jahr. Kurſus einjährig. 30 wöchentliche Stunden.

1. **Deutſch.** 2 St. Grammatik nach Heyſe. S. 407—476. (Satzfügung und Interpunction.) Declamation und Leſeübungen. Aufſätze: Schilderungen, Geſpräche, Briefe, daneben Überſetzungen.

2. **Lateiniſch.** 8 St. Grammatik nach Berger § 108—142 nebſt nochmaliger Wiederholung der ſtarken Verba § 79—91. Exercitien nach Grotefend's Materialien 1. Kurſ. 1. Heft; mündliche Überſetzungen aus demſelben Buche; Extemporalien nach eignen Dictaten über die vorgekommenen Regeln der Syntax. 4 St. — Lectüre: Caesar de Bello Gallico. Lib. I—VII. 4 St.

3. **Griechiſch.** 6 St. Die Formenlehre, beſonders des Verbums, nach Buttmann (künftig nach Curtius), daneben Lectüre aus Jakob's Elementarbuch. (Gegen den Schluß des Semeſters auch leichte Exercitien aus Roſt und Wüſtemann.)

4. **Franzöſiſch.** 2 St. Plötz II Curſ. L. 1—23; Exercitia. Lectüre ausgewählter hiſtoriſcher Stücke aus dem franzöſiſchen Leſebuche von Hundeiker und Plate.

5. **Engliſch.** 2 St. Grammatik nach Behn=Eſchenburg § 1—145. Einübung der Formen; ein Theil der Übungsſtücke aus dem Deutſchen ins Engliſche überſetzt. Die Leſeſtücke der erſten Abtheilung werden eingeübt, die Vokabeln und einzelne Stücke auswendig gelernt.

6. **Geſchichte.** 2 St. Befeſtigung und Vermehrung der in Serta und Quinta eingeprägten Thatſachen und Zahlen aus der allgemeinen Geſchichte. Erzählung einzelner Partien, vorzugsweiſe aus der neuern Zeit.

7. **Geographie.** 2 St. Deutſchland und die kleinern Nebenländer.

8. **Naturgeschichte.** 1 St. Im Sommer Botanik. Zerlegung der Pflanzen. Kennzeichen der Linne'schen Klassen. Botanische Excursionen. Im Winter faßliche Belehrung über den Bau des menschlichen Körpers und seiner wichtigsten Organe.

9. **Mathematik.** 4 St. a. Planimetrie nach Sonnenburg's Leitfaden. Vom Dreieck bis zur Vergleichung der Rechtecke und Quadrate. Geometrische Aufgaben. b. Arithmetik: Die Decimalbrüche. Einleitung in die Buchstabenrechnung. Aufgaben aus Meier-Hirsch bis zu den Potenzen.

Tertia.

Normalalter: das vollendete 14te Lebensjahr. Kursus einjährig. 2S* wöchentliche Lectionen.

Deutsch. 2 St. Aufsätze meistens in beschreibendem Stil; auch Erzählungen zu Sprüchwörtern. Lectüre: Schiller's „Tell;" Uhland's „Ernst von Schwaben." Deklamationsübungen.

2. **Lateinisch.** 8 St. Syntaxis modorum und Repetition der Syntaxis casuum nach Zumpt. Extemporalien nach Dictaten über die behandelten Regeln. Exercitia aus Grotefend-Gefferd: Materialien. II Heft. 3 St. — Ovidii Metamorphoses und Fasti mit Auswahl. Daneben Einübung der Prosodie und Elemente der Metrik. 2 St. — Caesar de B. C. im Sommer, im Winter aus Klaiber's Anthologie die aus dem Livius gewählten Stücke. 3 St.

3. **Griechisch.** 6 St. Grammatik: Wiederholung des Pensums der Quarta und Absolvirung der Formenlehre unter Hinzuziehung des Homerischen Dialekts. Von der Syntax die Bedingungssätze und das Nöthigste aus der Syntaxis casuum nach Buttmann (später Curtius). Exercitia aus Rost und Wüstemann I Th. Lectüre: Homer's Odyssee und Xenophon's Anabasis.

4. **Französisch.** 2 St. Plötz Lehrbuch 2. Kursus, mit Exercitien. Lectüre: Lübeking, französisches Lesebuch. 2. Kursus.

5. **Englisch.** 2 St. Marryat, The Children of the Forest. Vokabeln und unregelmäßige Verba, auch einzelne poetische Stücke gelernt. Grammatik § 146—200. Die Uebungsstücke des ersten und eines Theils des zweiten Abschnitts aus Behn-Eschenburg werden ins Englische übersetzt. Schriftliche orthographische Übungen.

6. **Geschichte.** 3 St. Allgemeine Weltgeschichte. Geschichte des Alterthums.

7. **Geographie.** 1 St. Politische Geographie der außerdeutschen europäischen Länder. Vergleichende Geographie des Alterthums.

8. **Naturwissenschaften.** 1 St. Mathematische Geographie.

9. **Mathematik.** 3 St. a. Planimetrie: Von der Ausmessung grader Linien und gradliniger Figuren, Proportionalität der Linien und Ähnlichkeit der Figuren, von den harmonischen Punkten und Linien und der harmonischen Theilung, von dem Verhältnisse der N-Ecke in Hinsicht ihrer Flächengröße. b. Arithmetik: Ausziehung der Quadrat- und Kubikwurzeln, die Wurzeln aus Buchstaben-Ausdrücken. Aufgaben aus Meier-Hirsch.

Unter-Secunda.

Normalalter: das vollendete 15te Lebensjahr. Kursus einjährig. 2S wöchentliche Lectionen.

1. **Deutsch.** 2 St. Schriftliche Aufsätze, Beschreibung von unternommenen Reisen und Ausflügen, Darstellungen aus der Geschichte, Briefe über den Schülern bekannte Gegenstände; mündliche Vorträge; Recitation von Gedichten; Übersicht der dichterischen Gattungen und der Metrik.

---

* Anm. Die geringere Zahl der Lectionen in Tertia und Secunda hat ihren Grund in dem Confirmandenunterricht, welcher die Schüler dieser beiden Klassen vorzugsweise in Anspruch nimmt. Siehe die dem Bericht über die Handelsschule vorausgeschickten Bemerkungen.

2. **Lateinisch.** 8 St. Grammatik: Recapitulation der Abschnitte über die Tempora und Modi nach Zumpt mit Hinzuziehung der wichtigsten Punkte der sogenannten Syntaxis ornata. Ebendarüber Extemporalia; die Scripta domestica aus Forbiger's Aufgaben. 3 St. — Lectüre aus Virgil. Aeneis I—III, Cicero's leichtere Reden, besonders die Catilinariae; Cicero's Briefe aus Süpfle's epp. sel. Livius. Lib. I—III. 5 St.

3. **Griechisch.** 6 St. Repetition der Grammatik und Einübung einiger syntaktischen Regeln durch Exercitia nach Rost und Wüstemann. 2. Th. 3. Kursus. Lectüre: Jakobs' Attika; die Stücke aus Xenophon, Lysias und Demosthenes. Herodoti Musae lib. VI—IX. Homeri Ilias.

4. **Französisch.** 2 St. Lectüre neuerer dramatischer Stücke in Prosa von Scribe u. A. Plötz Lehrbuch) II Kursus; Lehre vom Gebrauch der Modi, vom Infinitiv, Syntar der Pronomina u. s. w.; die dazu gehörigen Übungsstücke theils mündlich theils schriftlich übersetzt.

5. **Englisch.** 2 St. Lectüre: Goldsmith, Vicar of Wakefield. Vokabeln aus dem Vokabularium gelernt, unregelmäßige Verba wiederholt. Grammatik §. 200—290 (erweiterte Formenlehre). Einzelne poetische Stücke gelernt. Als Extemporale Briefe mit Erklärung grammatischer Regeln.

6. **Geschichte.** 3 St. Allgemeine Weltgeschichte. Geschichte des Mittelalters.

7. **Naturwissenschaften.** 1 St. (Mit Ober-Secunda combinirt.) Einleitung in die Chemie. Die Metalloide, ihre wichtigsten Säuren.

8. **Mathematik.** 4 St. a. Geometrie: Die Kreislehre. Geometrische Aufgaben. b. Arithmetik: Reduction durch die Vereinigung der Brüche und durch das Aufheben der Brüche. Logarithmen. Aufgaben aus Meier-Hirsch.

Ober-Secunda.

Normalalter: das vollendete 16te Lebensjahr. Kursus einjährig. 28 (resp. 30) wöchentliche Stunden.

1. **Deutsch.** 2 St. Aufsätze wissenschaftlichen Inhalts oder freier Erfindung. Rhetorik. Recitation von Gedichten und freie Vorträge nach gegebenen Themen. Göthe's Iphigenie.

2. **Lateinisch.** 8 St. Lectüre: Virgil. Aeneis, Horat. Carm. aus den ersten beiden Büchern mit Entwickelung der metrischen Gesetze. Cicero's Reden (pro S. Roscio Am., pro l. Manil., in Verr., Act. II, Lib. IV u. V). Livius aus der dritten Dekade. Sallust Catil. 6 St. — Exercitia domestica nach Weber's Übungsbuch 2. Kursus. Extemporalia nach Murel's Briefen. Dabei wissenschaftliche Entwicklung der Sprachgesetze, und genaue Beachtung der logischen und rhetorischen Wortstellung. 2 St.

3. **Griechisch.** 6 St. Homer. Ilias und Theocrits Idyllen. Herodot (mit Unter-Secunda combinirt). Plato's Apologia Socr.; leichtere Reden des Lysias. Mündliche und schriftliche Übersetzung einiger Capitel aus Cornelius Nepos ins Griechische. Dabei Einprägung der syntaktischen Regeln.

4. **Hebräisch.** 2 St. (fakultativ) Grammatik nach Seffer.

5. **Französisch.** 2 St. Lectüre: neuere dramatische Stücke in Prosa von Scribe u. A. Uebersetzung von Schiller's „Neffe als Onkel" oder „der Parasit" oder aus der „Geschichte des Abfalls der Niederlande" Ins Französische theils mündlich, theils schriftlich.

6. **Englisch.** 2 St. Lectüre: Macaulay Biographical Essays. — Poetische Stücke gelernt. Die Regeln der Syntar mit den Uebungsstücken aus dem dritten Abschnitte der Grammatik. Sheridans School for Scandal oder The Rivals aus Voel's Uebungsbuch zurückübersetzt. Als Extemporalien Briefe rc. Auch wurden freie Arbeiten von den Schülern geliefert.

40

7. **Geschichte.** 3 St. Allgemeine Weltgeschichte. — Fortsetzung und Schluß der Geschichte des Mittelalters.

8. **Naturwissenschaft.** 1 St. mit Unter-Secunda combinirt.

9. **Mathematik.** 4 St. Ebne Trigonometrie. — Gleichungen des ersten Grades mit einer und mehrern Unbekannten. Anwendung der Logarithmen auf Zins- und Rentenrechnung. Aufgaben aus Meier-Hirsch.

Prima.

Normalalter das vollendete 17te Lebensjahr. Kursus zweijährig. 30 (resp. 32) wöchentliche Stunden.

1. **Deutsch.** 3 St. — Zusammenhängender Vortrag über Literaturgeschichte mit besonderer Hervorhebung der beiden klassischen Perioden. 2 St. — Freie mündliche Vorträge (nach gründlicher Vorbereitung, aber ohne Concept) über selbstgewählte Themen. Schriftliche Aufsätze nach eigner Wahl aus mehrern vom Lehrer empfohlenen Themen, so daß die verschiedenartigen Stoffe und Darstellungsformen, als Betrachtungen aus dem Gebiete der eignen innern oder äußern Erfahrungswelt, historische Darstellungen und Räsonnements, freie Erfindungen ꝛc. von einem jeden Schüler geübt werden. 1 St.

2. **Lateinisch.** 8 St. Exercitia aus Nägelsbach Uebungsbüchern mit besonderer Berücksichtigung der Stilistik und aller Unterschiede des antiken und modernen Sprachidioms. Freie Aufsätze besonders aus dem Gebiete der alten Geschichte, zum Theil zum mündlichen Vortrage auswendig gelernt. Lectüre: Tacitus, vorzugsweise die ersten Bücher der Annales und die Historiae. Cicero de Officiis, de Natura Deorum, schwerere Reden als adv. Rullum, pro Cluentio, pro Plancio, pro Milone, Philippicae. Die rhetorischen Bücher de Oratore lib. III und de claris Oratoribus. — Horatii Satirae et Epistolae. Auch die Carmina besonders lib. III und IV. Virgilii Georgica. — Ausgewählte Elegien aus Properz.

3. **Griechisch.** 6 St. Sophoclis Aiax, Antigone, Oedip. R. und in Colon., so daß jeder Schüler mindestens drei von diesen Stücken öffentlich liest. Zuweilen Euripides' Hecuba und Aeschylus' Prometheus. Ausgewählte lyrische Stücke zumal des Pindar nach Stolle's Anthologie. Thucydides vorzugsweise lib. II. III. VI. VII. Plato de Republica mit einigen Auslassungen. Demosthenes' oratt. Philipp. und Olynth. Homer's Odyssee oder Ilias etwas cursorisch.

4. **Hebräisch.** 2 St. Fakultativ. Auswahl aus den historischen Büchern des A. T. und den Psalmen.

5. **Französisch.** 3 St. Lectüre poetischer Stücke der classischen oder neuern Literatur mit literar-historischen Einleitungen. Uebersetzung geeigneter Dramen von Lessing oder Göthe ins Französische, theils mündlich, theils schriftlich. Grundzüge der Geschichte der Kunst im Alterthum und im Mittelalter (Archéologie)* abwechselnd mit Vorträgen über französische Literaturgeschichte, (in französischer Sprache vorgetragen.)

6. **Englisch.** 2 St. Lectüre: Byron, Childe Harold; Milton, Paradise lost; Shakespeare, Jul. Caesar, Richard III., King John, Henry V. Daneben cursorisch: Macaulay, History. Lessing's Minna von Barnhelm ins Englische übersetzt, von Zeit zu Zeit Extemporalia und orthographische Uebungen.

---

*Anm. Selbstverständlich ist nicht die Absicht, in dieser Wissenschaft gründlich zu unterrichten, sondern nur die Lust zum spätern Studium derselben anzuregen. Der eigentliche Zweck des Unterrichts ist immer die französische Sprachkenntniß. Daß wir übrigens der französischen Sprache mehr Lectionen zuweisen als der englischen, hat in den hiesigen lokalen Verhältnissen seinen Grund, da ein gewisses Maß von englischen Kenntnissen hier in vielen Familien den Kindern gleichsam zufließt, während die französische Sprache der Jugend hier schwieriger erscheint als in andern Theilen Deutschlands.

7. Geschichte. 3 St. Allgemeine Weltgeschichte. Neuere Zeit.

8. Naturwissenschaften. 2 St. Physik. Allgemeine Eigenschaften der Körper. Vom freien Falle. Grundgesetze der Statik und Dynamik. Wärme, Licht, Elektricität und Magnetismus.

Außerdem wird noch am Gymnasium (fakultativer) Unterricht im Singen ertheilt in 5 Stunden wöchentlich, die je nach dem besondern Bedürfniß zur Einübung der einzelnen Stimmen oder zu Quartetten und Chorgesang benutzt werden.

Ferner sind 2 St. wöchentlich für die Schüler der mittlern und obern Klassen zu Zeichnen angesetzt in welchen theils die oben angegebenen Übungen fortgesetzt, theils der Befähigung der einzelnen Schüler entsprechend andre Übungen vorgenommen werden.

C. Schulfeierlichkeiten.

Öffentliche Schulfeierlichkeiten sind bei uns schon wegen des Mangels einer geeigneten Aula nicht wohl zulässig, doch ist Sorge getragen, daß viermal des Jahres der gesammte Schülercötus sich zu musikalischen und rhetorischen Übungen versammelt; zu Michaelis und zu Ostern fallen diese Actus mit der Entlassung der Abiturienten und der Proclamation der Versetzungen zusammen.

D. Hülfsmittel bei dem Unterrichte.

Abgesehen von den zu häuslichen Arbeiten unentbehrlichen Wörterbüchern werden in den einzelnen Classen folgende Bücher und sonstige Hülfsmittel von den Schülern gebraucht:

In Sexta: Eine Bibel. Schmidt, Leitfaden der Weltgeschichte. Lennis, Leitfaden der Naturgeschichte. I Heft. Hartmann, Geographie. Ein Schulatlas der neuen Geographie. Menke's Atlas der alten Welt. Deutsches Lesebuch. II Th. Heyse, Deutsche Schulgrammatik. Berger, Lateinische Grammatik. Dazu Übungsbuch von Heidelberg. Tappenbeck, Lateinisches Lesebuch. Plöß, Lehrbuch der französischen Sprache. 1. Cursus. Hundeiker, Lesebuch. — Dazu kommen in

Quinta: Sonnenburg, Leitfaden der Geometrie. Grotefend, Materialien zum Übersetzen ins Lateinische. 1. Heft. Hauser, Lateinisches Vocabularium. Curtius, Griechische Grammatik. Jakobs, Griechisches Lesebuch. Cornelius Nepos.* Dazu kommen in

Quarta: Meier-Hirsch, Sammlung von Aufgaben. Caesar de B. G. Rost und Wüstemann. 1. Th. Behn-Eschenburg, Engl. Grammatik. Plöß. II Cursus. Dazu kommen in

Tertia: Schmidt, Grundriß der Weltgeschichte. Vega, Logarithmen. Zumpt, Lateinische Grammatik. Grotefend (Geffers), Materialien, II Heft. Caesar de B. Civ. Klaiber Lateinisches Lesebuch. Ovidii Metam. und Fasti. Xenophon Anabasis. Homer Odyssee. Marryat, the Children of the Forest. Lüdeking, Französisches Lesebuch. Dazu kommen in

Secunda B u. A: Eisenlohr, Lehrbuch der Physik. Livius. Cicero oratt. sel. und Epist. von Süpfle. Virgilii Aeneis. Forbiger, Aufgaben in B. Weber, Übungsschule in A. Homer Ilias. Herodot ed. Stein. Jakobs Attika. Theocrit. Lysias ed. Rauchenstein. Plato apolog. ed. Ludwig. Rost und Wüstemann. Th. II. Goldsmith, Vicar of Wakefield. Macaulay, biogr. essays. Toel, Übungsbuch zum Übersetzen. Seffer, Elementarbuch der hebräischen Sprache. Dazu kommen in

Prima: Nägelsbach, Übungen. Cicero de Officiis de Natura deorum (Schömann), de Oratore (Piderit), de claris oratt. (O. Jahn). Orationes. Taciti opp. rec. Hase.

---

* Anm. Wo keine andre Ausgabe nahmhaft gemacht ist, werden für die alten Texte der Teubnerischen Textausgaben gefordert.

6

Horatii opera. Virgilii Georgica. Propertii carmina. Sophoclis trag. Eurip. Hecuba. Aeschyli Prometheus. Stolle, Anthologie. 1. u. 2. Th. Thucydidis hist. Plato de rep. Demosthenes Reden von Westermann. 1. Heft. Byron works. vol. II. Shakespeare, plays. Milton, Paradise lost. Macaulay, history. Biblia hebraica.

D. Lectionsplan des Jahres von 1861—1862.*

Sexta.
Ordinarius: Dreyer.

Bibelkunde 2 St. Volkmann. Deutsch 4 St. Latein 8 St. Geschichte und Geographie 4 St. Naturgeschichte 2 St. Dreyer. Französisch 3 St. Müller. Rechnen 3 St. Schreiben 2 St. Mindermann. Zeichnen 2 St. Kirchner.

Quinta.
Ordinarius: Müller.

Bibelkunde 2 St. Volkmann. Deutsch 3 St. Latein 8 St. Französisch 3 St. Müller. Griechisch 1 St. Sattler. Geschichte und Geographie 4 St. Hoyermann. Geometrie 1 St. Sonnenburg. Naturgeschichte 2 St. Dreyer. Rechnen 2 St. Schreiben 2 St. Mindermann. Zeichnen 2 St. Kirchner.

Quarta.
Ordinarius: Sattler.

Deutsch 3 St. Latein 8 St. Englisch 2 St. Sattler. Griechisch 6 St. Torstrik. Französisch 2 St. Geschichte und Geographie 4 St. Hoyermann. Mathematik 4 St. Naturgeschichte 1 St. Sonnenburg.

Tertia.
Ordinarius: Torstrik.

Deutsch 2 St. Dreyer. Latein 8 St. Griechisch 6 St. Französisch 2 St. Torstrik. Englisch 2 St. Sattler. Geschichte und Geographie 4 St. Ruperti. Mathematik 3 St. Naturwissenschaft 1 St. Sonnenburg.

Untersecunda.
Ordinarius: Volkmann.

Deutsch 2 St. Geschichte 3 St. Ruperti. Latein 8 St. Griechisch 4 St. Volkmann. Griechisch (combinirt mit Ober-Secunda) 2 St. Gravenhorst. Französisch 2 St. Müller. Englisch 2 St. Sattler. Mathematik 4 St. Naturwissenschaft 1 St. (letztere combinirt) Sonnenburg.

Ober-Secunda.
Ordinarius: Tappenbeck.

Deutsch 2 St. Latein 8 St. Griechisch 2 St. Tappenbeck. Griechisch 4 St. Gravenhorst. Französisch 2 St. Müller. Englisch 2 St. Sattler. Hebräisch 2 St. Volkmann. Geschichte 3 St. Ruperti. Mathematik 4 St. Naturgeschichte 1 St. Sonnenburg.

Prima.
Ordinarius: Gravenhorst.

Deutsch 1 St. Latein 6 St. Griechisch 4 St. Gravenhorst. Griechisch 2 St. Latein 2 St. Tappenbeck. Deutsch 2 St. Geschichte 3 St. Ruperti. Hebräisch 2 St. Volkmann. Französisch 3 St. Müller. Engl. 2 St. Sattler. Mathematik 3 St. Naturwissenschaften 2 St. Sonnenburg.

---

* Anm. Genau nach dem zweiten Semester; im ersten hat nur eine kleine Abweichung in der Vertheilung der französischen Lectionen stattgefunden.

F. Statistische Uebersicht.

Zu Ostern 1861 besuchten das Gymnasium 138 Schüler, von denen in I 15, in II A 15, in II B 16, in III 15, in IV 21, in V 17, in VI 39 Schüler saßen. Hiervon gingen im Laufe des Sommers 14 ab, nämlich zur Universität 6, zur Handelsschule 4,* zu einer andern Bildungsanstalt 1, aus Gesundheitsgründen für ein Halbjahr 1, zum Kaufmannsstande 2.

Am Schluß des Semesters blieben demnach 124 Schüler, zu denen wieder im Wintersemester von der Vorschule 10, von einer andern Anstalt 1 Recipiend hinzutreten, so daß im Wintersemester 135 Schüler das Gymnasium besuchten, von denen in I 17, in II A 13, in II B 13, in III 11, in IV 23, in V 19, in VI 39 Schüler saßen. Von diesen gingen im Lauf des Winters ab oder werden zum Schluß des Semesters abgehn im Ganzen etwa 17 Schüler. Die genauere Angabe wird in das Programm des nächsten Jahres aufgenommen werden.

---

* Anm. Oben sind bei der Handelsschule nur 3 als eingetreten bezeichnet; der vierte ist dort, weil das Datum der Anmeldung einige Tage früher fiel, in dem vorigen Semester mitgerechnet.

Gravenhorst.